U0701889

大宋有温度

楼惠子◎著

海天出版社
· 深圳 ·

图书在版编目（CIP）数据

大宋有温度 / 楼惠子著. — 深圳：海天出版社，
2020.1

ISBN 978-7-5507-2748-9

Ⅰ. ①大… Ⅱ. ①楼… Ⅲ. ①中国历史－宋代－通俗
读物 Ⅳ. ①K244.09

中国版本图书馆CIP数据核字(2019)第196292号

大宋有温度
DASONG YOU WENDU

出 品 人　聂雄前
责任编辑　南　芳
责任校对　万妮霞
责任技编　郑　欢
装帧设计　知行格致

出版发行　海天出版社
地　　址　深圳市彩田南路海天综合大厦7—8层（518033）
网　　址　http://www.htph.com.cn
订购电话　0755-83460239（邮购、团购）
设计制作　深圳市知行格致文化传播有限公司
印　　刷　深圳市华信图文印务有限公司
开　　本　889mm×1194mm 1/32
印　　张　9.25
字　　数　165千字
版　　次　2020年1月第1版
印　　次　2020年1月第1次
定　　价　39.80元

海天版图书版权所有，侵权必究。
海天版图书凡有印装质量问题，请随时向承印厂调换。

序 言

草草杯盘共笑语，昏昏灯火话平生。

我与作者的父辈一同长于珞珈山的樱花树下，在那个特殊的年代里，成了朋友。这友谊一半来自我们相仿的年纪、共同的生活环境，另一半则来自我们的父辈。因此，当作者找我为她的书写序时，作为长辈，我欣然答应，以延续友谊的传统。

此书是面向普通读者的散文式的通俗历史读物，十分适合大众阅读。除了写有两宋历史事件外，也夹杂了一些作者的见解与感想，当然令我印象最深刻的还是下笔的幽默与讽刺，就在幽默与讽刺中，三百多年间的历史故事娓娓道来。

此书写作之时，作者正在香港大学攻读中国历史的硕士课程，受此影响，可以说，作者是一手写论文，一手写散文，使得全书呈现出一种论文式散文或散文式论文的风格。全书既有头脑的思考，也有心灵的感受，在眼看行文陷入情感之时，又伴随着自我讽刺式的挖苦与思考。这些思考源自理性，而文采来自情感，交织在一起时，形成了作者自己特殊的风格。特此推荐给广大读者。

此外，此书还有两点令我印象深刻。其一，作者并非历史专业出身，本科是英语专业并拥有长期的外企工作经验，长期接触外语材料也使得作者眼光比较开阔，开放式心态较强，这在作品中有所体现。其二，作为一位80后的女性，作者始终坚持历史真实性的立场。

作者也跟我谈到过她念书与写作时的困境，家庭义务常常使得她无法保持专注，不仅如此，念书与写作所占用的大量时间也成了她对家庭的愧疚。我想，这样的彷徨，一方面是压力，但另一方面何尝不是动力，这大概是一个普遍的难题，对女性而言更为明显。我只能鼓励她，在两难之间，成就一个更强大的自我。

李工真

2019 年 8 月 1 日

自　序

　　提笔之时，家中少爷 9 个月大。我在少爷的啼哭吵闹与屎尿中终于从陈桥走到了崖山，一心二用致使小书许多篇幅难免不尽如人意，心里愧对读者。

　　我生于 20 世纪 80 年代，长于武汉城郊的军队大院，本科毕业于暨南大学英语系，后曾游学英国爱丁堡研读翻译学，颇为遗憾的是我在母校学无所成，亦无心留恋异国他乡之美景与人文。回国后，我长期就职于宝马集团，无奈的是办公室里的白领生活似乎并非我的心志所在，但长年累月的全国性出差极大地开阔了我的视野。

　　就在怀孕期间百无聊赖之时，我自学了本科历史教材，开始了广泛阅读，由此走上了探究与怀疑的道路。现在想想，我不得不感谢命运的安排，若过早学习了这冷门的专业，极有可能因为工作生活的压力而消耗了对历史的兴趣。而且人对历史的理解在很大程度上是建立在人生经历的基础之上的，少不更事似乎是理解历史的最大障碍。少爷出生后，虽然再没了清静，但在此时去追寻年少时的理想却获得了家人一致的认可、支持与鼓励。对一个已婚已育的妇女来说，整个社会似乎都期待不高，但凡你有"带好娃"之外的追求，他们似乎都会对你另眼相看，当然不解也在所难免。

小书的上半部分几乎完全是一个业余爱好者的一些极其粗浅的读书心得、笔记、游记，写于我在宝马集团工作期间出差时的长途火车上的某个角落。久而久之，我对自己的水平感到极为不满与不甘，便开始想方设法寻求深造的机会，最终被香港大学录取，就读中国历史专业研究生课程。当拿到录取通知书时，我反而感到惶惶不安了，因为那时我三十四岁。第一次忐忑地走进课室时，却看到了两位年届六十的长者赫然在座，又不禁嘲笑起自己对理想的轻视与低估。

入学之后，小书经过长期反复修改，其中大多受到中文学院许振兴老师宋史课程的影响，文中的许多认识与观点源自他的课堂讲授，这些知识与启发令我终身受益。当然，老师只负责引导与启发，行文中的错漏在所难免，所有的错漏均为我个人学业不精造成。此外，在修改过程中，我亦对"稍显幼稚可笑的自己"予以了充分保留，而将后来的更多认识插入其中，以示"成长"。

我虽然在此大谈女性对于理想的追求，但从本质上来看，我既非一个真正的理想主义者，亦非一个女性主义者，充其量只能算一个现实的理想主义者与女性主义者。我之所以能放下所有去追求理想，完全是因为我的家人为我提供了一切支持。在此亦要感谢帮助出版的家人、朋友、编辑、推荐人，当然最重要的是香港大学诸位导师的再造之恩，他们除了将我带上专业之路，亦重塑了我的灵魂。

当小书最终完成之时，我并未感到丝毫轻松。学海无涯，我才刚刚上船，眼前一片迷茫。前路漫漫，我依然面临着未来的选择问题。但无论未来如何，我的内心都是前所未有的坚定、充实与独立。

楼惠子

2019 年 7 月 26 日于蛇口

引 言

暗想当年，节物风流，人情和美，但成怅恨。

两宋常常遭人误解。

本小姐出生于 20 世纪 80 年代，在学生时代的教学用书中两宋是个积贫积弱、丧权辱国、残害忠良的典型，当然这样的负面评价还有许多，例如：重文轻武、苟延残喘、朝不保夕……但随着年龄渐长，慢慢读到一些史学大家的著作，这些书中却满溢着对两宋的向往与敬意。

那时，本小姐年纪轻，尚不能理解书不尽实，对此事时常义愤填膺，幻想着有一天能溯本清源、以正视听。等长大了，真的有分辨力的时候，却又发现那些对两宋充满着向往与敬意的文章同样令人困惑。

要写宋朝的故事，本小姐以为最紧要的便是如何摆脱前辈们塑造的"宋朝形象"，并且完全调动自身的理性从史料中去认识宋朝，简单来说便是读史者不能人云亦云。但幸好，想摆脱前辈们塑造的"宋朝形象"并不困难，因为宋朝已经被塑造成了一个全方位自相矛盾的朝代，而并非某一种固定形象。一如西方与日本史学家一贯称宋朝为"中国最伟大的时代"。

日本近代史学泰斗和田清先生指出："唐代汉民族的发展并不像外表上显示的那样强大，相反地，宋朝汉民族的发达，其健全的程度却超出一般人想象以上。"

日本学者宫崎市定在《东洋近代史》中说："中国宋朝实现了社会经济的跃进、都市的发达、知识的普及，与欧洲文艺复兴现象比较，应该理解为并行和等值的发展，因而宋朝是十足的'东方的文艺复兴时代'。"

大名鼎鼎的美国学者斯塔夫里阿诺斯也认为宋朝为"黄金时代"，他在传世之作《全球通史》中写道："宋朝时期值得注意的是发生了一场名副其实的商业革命，对整个欧亚大陆有重大的意义。商业革命的根源在于中国经济的生产率显著提高。技术的稳步发展提高了传统工业的产量。同样，水稻早熟品种的引进，使作物在过去只能一季一熟的地方达到一季两熟，从而促进了农业发展。此外，宋朝兴修的新的水利工程，大大扩大了水田灌溉面积。据估计，11—12世纪，水稻产量增加了一倍。生产率提高使人口的相应增长成为可能，而人口增长反过来又进一步推动了生产。经济活动的迅速发展还增加了贸易量。中国首次出现了主要以商业，而不是以行政为中心的大城市。"

费正清在他的《中国新史》中对宋朝的赞美几乎要溢出纸面，他从宋朝物质文明的长足发展、教育的普及、科举考试的制度化、理学的创立、士绅社会的形成等方面肯定了当时的技艺、政治体制、艺术、思想、社会组织等。此外，他亦对宋朝人口大幅增加、都市生活的蓬勃兴盛、冶铁炼钢的推陈出新、武器装备的精益求精、纸币的全国通行、航海技术的超越前代与对外贸易的急速发展赞不绝口。他甚至联想到，如果宋朝自由发展，将有可能主导世界性航海，从而改写历史。

源自西方史学家的这种极高的评价，使得"宋粉"队伍迅速扩大，但与此同时，亦有人指出这种赞美宋朝的腔调，旨在突显宋朝辉煌业绩背后僵化落后的种子，从而为 19 世纪西方的入侵寻找铺垫。

在对于宋朝的评价中，中国学者们则保守得多，虽然对天水一朝的物质文明与精神文明依然持极大的肯定。

史学家陈寅恪认为："华夏民族之文化，历数千载之演进，而造极于赵宋之世。"但通常来讲，许多评价还带着悲观情绪，例如"平淡而耐人寻味的时代""文采与悲怆的交响"。总体来说，字里行间都透着深深的无奈，"宋朝的统一只能说是长期大乱后的消极治平时代，对内对外实际都无办法"。

从疆域上看，两宋永远无法和汉唐这样大一统的王朝相提并论，有宋一代都活在刀尖之上，汉族与北方少数民族轮流坐庄。靖康之难后，宋室南渡，迁都临安，中原王朝已经不能保有中原领土。就是一个这样的朝代到底有什么值得令后世念念不忘呢？

本小姐以为，宋朝的迷人之处正在于他使人困惑的气质。而在所有的困惑、矛盾中，复杂与丰富的历史一幕幕呈现，让人可以反思再反思。到底什么才是宋朝真正的形象，也许永远没有答案，但在反思的过程中，我们的理性得以锻炼，而理性使人成长。

目 录

最佳男主角：宋太祖

"朱李石刘郭，梁唐晋汉周"，流水的皇帝，流水的五代。陈桥兵变只不过是又一次武将造反而已，大伙都见怪不怪了。与五代的兵变一样，陈桥兵变是一场蓄谋已久的戏，而且还经过"彩排"。宋太祖是当之无愧的主角，尽管戏的前半出他只负责演睡觉。

深圳市南山区赤湾，有一个不起眼的陵墓——宋少帝陵。陵园北依小南山，南临伶仃洋，风景美如画。繁忙的蛇口港就在一旁不分昼夜地运转着。广东如今虽然是经济发达之地，但在古代，这里在很长一段时间都是郊野蛮荒、流放犯人之地。中原人由于受不了暑热，对广东少有问津。所以，宋末，小皇帝驾临广东，若非逃命，这在历史上也是不可想象的事情。

宋少帝赵昺生于 1272 年，在他出生的前一年，忽必烈建立了元朝，因此，他一出生就注定是一场悲剧。1276 年，临安（今杭州）陷落，南宋小朝廷被迫流亡广东。1278 年，年幼的赵昺被拥立为帝，残部继续抗击元军。祥兴二年（1279）正月，宋元两军在广东新会的崖山海面决战，张世杰所率宋军寡不敌众，大败海上。陆秀夫见大势已去，背起小皇帝，跳入茫茫大海。据说他跳海之前，对小皇帝说："国事至此，陛下当为国死。"至此，南宋彻底灭亡，相较于北宋，这无疑也是壮烈的一笔。

而后民间则有传说，是否能信看官自己判断。当时赤湾海滩漂来一具身着黄袍龙衣的童尸，同时赤湾海边天后庙的一根横梁突然塌下，乡绅父老急忙焚香问卜，得知童尸为少帝遗骸，塌下的横梁是天后娘娘送给少帝做棺材的材料，当地百姓于是礼葬赵昺于天后庙西边的小南山脚下。

漫步于蛇口赤湾港少帝陵附近，生出感慨无限。与众多帝陵的威严与沧桑不同，宋少帝陵位于繁忙的码头港口附近，周围豪宅酒店写字楼林立，现代化设施完善。今日的碧海蓝天，在昨日，却道出一个王朝被逼入绝境的凄凉。繁华落幕，容本小姐从头说来。

★ ★ ★

时光从陆大人怀抱小皇帝跳海时退回 352 年，927年，宋太祖赵匡胤出生在洛阳的一个军营里。相比起刘邦和朱元璋这样的社会草根最底层，赵匡胤算是军队大院出身，但远非显贵。

关于宋太祖的祖籍，学界争论不休，但本小姐以为较合情合理的一种说法是燕云十六州中的一州。有宋一代，始终不曾放下的愿望便是收复燕云十六州，可事实上，宋朝从未曾拥有过燕云十六州，何来的收复之说呢？由此，太祖祖坟在那里的说法较为可信，没辙，源于我们祖宗崇拜的基因对故地所赋予的执念。

太祖年少时外出闯荡，投在郭威门下。他时运极佳，跟对了人。世间一大定律就是跟对了人，事半功倍。其实太祖在投奔郭威之前，也投奔过一些其他的武将，只是命运自有安排，不是别人不要他，就是他待不下去。

其中最有名的便是王彦超和董宗本。王彦超拒绝收纳资历尚浅的赵匡胤。董宗本是赵匡胤父亲的老朋友，接纳了他，但董宗本的儿子年轻气盛，与赵匡胤脾气不合，多有摩擦，无奈，赵匡胤只能选择默默地离开。可见，被人嫌弃不是普通人的专利，连宋太祖都是这样过来的。

赵匡胤称帝后，不但没有计较当年之事，反而对董宗本的儿子格外信任，委以重任。对于王彦超，赵匡胤曾问为何当初不肯收留他，王彦超说："我当初要是收留了陛下，陛下又怎么会有今日？"赵匡胤大笑作罢，人心隔肚皮，我们永远无从知道这种心胸是真还是假，但可以肯定的是拥有这种心胸极不容易，以其人之道还治其人之身是寻常做法，但太祖不是一般人，他生来就不一样。这些都是题外话，言归正传，太祖投奔的郭威到底是何许人？

这要从中晚唐开始讲起。

唐朝在安史之乱后便陷入藩镇割据的局面。这种局面一直持续了 200 多年直到北宋建立。907 年，朱温篡唐。可笑的是，朱温曾被大唐皇帝赐名朱全忠，他起初参加了黄巢的乱军，后来因为与黄巢的心腹不合，投降了大唐，被任命为宣武军节度使，对于这样的人来说，大唐皇帝赐他"全忠"之名也不失为一种讽刺。

就是这样一个暴发户篡了皇皇大唐，建立了后梁，这就是五代十国的开始。任凭天下称你万岁，没有哪个封建朝代是不灭亡的，这是自然规律，有生有死，万物苍生各有宿命。

施耐庵所写的《水浒传》里有诗云：

朱李石刘郭，梁唐晋汉周，都来十五帝，播乱五十秋。

诗里的"朱"指朱温，而"梁"指的是朱温所建立的后梁政权。五代十国的五代就是梁唐晋汉周，这是大唐灭亡后盘踞在中原地带的政权。而十国则是这一时期南北方的割据政权。五代十国的特点就是军阀混战，皇帝走马灯式地换，看谁拳头硬。名句"天子宁有种耶？兵强马壮者为之尔"就出自这一时期。诗里的"郭"便是本小姐提到的郭威，"周"便是他建立的政权后周，当然也是篡来的，篡后汉的。可见在那个时期，武将篡位可谓风气，掌握兵权的人不篡权，大家都替他着急，为他谋划。

这，就是陈桥兵变的历史背景。

上天待赵匡胤不薄，在他真正实施陈桥兵变之前，还让他"彩排"了一回。郭威篡汉的时候，赵匡胤在郭威帐下任禁军将校，他目睹并参与了郭威篡汉的全过程。郭威死后，传位给了他的养子柴荣，这就是后来大名鼎鼎的后周世宗。柴荣被称为五代第一明君，执政时期，赵匡胤官至殿前都点检，相当于禁军统领。郭威篡位时杀伐太重，导致自己的儿子全被杀，只得传位养子。周世宗柴荣虽是一代明君，但天不助周，959 年，他在夺回燕云十六州的战役中突然病重离世，年仅三十九岁，但最要命的是，这时他最大的儿子柴宗训才刚刚七岁。

陈桥兵变即将上演。960 年正月，探报辽军南下，朝廷决议派殿前都点检赵匡胤即刻出征，刚走到东京郊外陈桥这个地方时，深夜军中众人哗变："天子只有七岁，根本不会知道我们冒死去跟辽军打仗，我们不如拥立点检做天子。"马上一呼众应，无法控制。据史书记载，男主角此刻酩酊大醉，生来好酒的他总是一副今朝有酒今朝醉的做派。他的弟弟赵光义（也就是后来的宋太宗）和赵普（也就是那个半部《论语》治天下的宰相），叫醒了男主角，拥他到帐外时，有人把已经准备好的黄袍披到了男主角的身上，史书有写，黄袍加身。

政变做得这么漂亮是得益于"彩排"，据说"彩排"时郭威只是裹了一块黄布。太祖提出了不加害后周皇族与高官、不抢劫京城的条件后，接受了部下们的拥戴。

那么，太祖为何要把自己扮成一个被迫当上皇帝的"白莲花"典型呢？道理显而易见，因为他从孤儿寡母手中篡夺政权在道义上是站不住脚的。所以他和继任者们奋力掩饰，把责任推给众人，做出一副被众人逼迫穿上黄袍，自己万般无奈、只得接受的姿态。

但是按照常理分析，陈桥兵变是蓄谋已久的阴谋。陈桥兵变的起因是辽军南下，赵匡胤带兵前去迎战，结果在去迎战的路上发生兵变。可事实证明根本没有辽军南下这么一回事，出兵就是为了兵变。再者，兵变发生时，赵匡胤在开封的家属已经被全部安全转移了，可见没有缜密的安排是不可能的。当然，这些都是推测。史书上的寥寥数语对我们理解事实毫无帮助，反而徒增困惑。今天，关于陈桥兵变是如何构思、计划、安排、实施的，史书上一概没有记载，只能任由大家凭空想象。历史就是这样，一旦发生，就很难再还原了。

赵匡胤穿上黄袍后，也顾不上所谓的"辽军南下"，直接掉头回开封了。赵匡胤提前回朝的心腹已经做好了一切准备，所以军队入城时没有受到任何抵抗，当然军队纪律井然，与民秋毫无犯，一切水波不兴，赵匡胤在接受军队拥戴的时候，明确提出了以下三条，类似约法三章。

一、不得伤害后周小皇帝和太后。
二、不得伤害后周公卿官员。
三、不得抢劫京城市肆。

就是这三条，直指人类现代文明的三大价值——敬畏生命、责任权利、保护私有财产。金纲在他的《大宋帝国三百年：赵匡胤时间》一书中对太祖有着掩饰不住的喜爱：此三大价值，于兵变之始，出自赵匡胤之口，可见太祖气象上通古来圣贤，下接现代文明。太祖作为五代十国这样一个死人堆里走出来的武将能如此作为，不得不说他的远见超越了所在的时代。

但过多赞美与歌颂只会影响我们的理性，无论怎么说赵匡胤都是个篡位的。只是他的"篡位"是以被"禅让"和"无血"为卖点来彰显文明的，这正是他的智慧之处。

★ ★ ★

兵不血刃这个成语大家应该很熟悉了，用它来形容陈桥兵变是再好不过了。但是，也不是一滴血都没流，还是有血的。流血的是谁？这个人就是另一位禁军将领韩通。赵匡胤在黄袍加身之后回军开封，突入京城，韩通惊闻政变，从内廷飞马而出，准备抵抗。他行至当街，被军校王彦升发觉，立即追至韩通家，将其一家杀死。赵匡胤继位后，追赠韩通为中书令，以礼安葬。王彦升虽未被追责，但自此再未得到重用。

韩通之死是陈桥兵变的一大耻辱。这里大家可能会疑惑不解，夺权篡位是大逆不道的事情，为什么偌大的朝廷，只有韩通一人抵抗呢？这跟五代十国的时代风气有关，天子不问出处，兵强马壮者为之，那个时代"君臣义绝"，没有什么绝对的"忠君爱国"，大臣们把自己看成打工仔，给谁打工不是打工啊？

接下来就该举行禅让大典了，有位翰林学士陶谷拿出早已准备好的诏书。就此，王朝的交替实现了。如果仓促中并未准备禅位诏书，改为口头宣诏，倒是能彰显陈桥兵变的偶然性，但陶谷事先拟定了措辞严谨的禅位诏书用来邀功和讨好赵匡胤，这一举动更是让陈桥兵变显得阴谋既定，陶谷的自作聪明真是辜负了赵匡胤的良苦用心，坏了赵匡胤的名声。

史书称，太祖鄙视他的为人。可见太祖是一心想做"白莲花"的。

后周与北宋的禅让大典，可谓史上最后一次"禅让"。宋朝以前的朝代更替政权移交，都是基于"禅让"理念的。大家一定听说过战国时的和氏璧，和氏璧后来被加工成了传国玉玺，被视为一个政权的正统所在。和氏璧伴随着禅让仪式历代相传，不幸于五代的战火中失传。不过，不用难过，传国玉玺所代表的"禅让"其实只存在于形式中，真正意义上的"禅让"是不存在的。

而宋之前，不管怎么说都有"禅让"这个形式存在。这让陈桥兵变又特殊了一些，我们且叫它史上最后一出禅让剧吧。陈桥兵变虽然在君君臣臣父父子子的儒家道义上站不住脚，但却有着深远的意义。这场兵变没有喋血宫门、没有伏尸遍野、没有烽烟四起，更没有兵连祸结，几乎是兵不血刃、市不易肆，就改了朝换了代，不流血就建立起一个王朝。这在中国历史上是绝无仅有的，大宋的建立是中国历史上付出生命代价最低的王朝，此前此后，都没有。

从太祖的角度看，这世上根本就没有所谓的反对派，后周的官员被全员留用，后周的小皇帝被封为郑王，韩通死后被追封为忠烈之士，而杀死忠烈之士的王彦升也未被追责。有人说这叫包容政治。总而言之，他怀柔一切，无非是想让自己能坐稳龙椅。但怀柔一切还是需要心胸的，不论这种心胸是出于何种目的。

有宋一代，他的人道、文明、理性大概就始于此。

功臣们的出路

功劳越大，死得越惨。很不幸，功臣难有善终。《史记·越王勾践世家》便写道："蜚鸟尽，良弓藏；狡兔死，走狗烹。"司马迁已经清楚明白地预告了接下来某些英雄的末路。

太祖坐稳龙椅后并没有得意忘形，他十分清楚自己是怎样穿上黄袍的。他不能不防着陈桥兵变这样的事重演，以免让自己成为五代后的"六代"。于是，他开始着手解决手下的武将们，哪管他们曾经把黄袍披到自己的身上。于是在男二号赵普的配合下，太祖酝酿了一出新戏——杯酒释兵权。

话说赵普这个男二号是一个典型的无师自通的知识分子，他足智多谋，才干出众，是太祖的开国功臣，亦是太宗的重臣，可以说是北宋初年影响王朝最大的人，但这样一个人，却并不以德行出名。他曾经私自经商，倒卖木材，更是收受贿赂，在宋朝，官员是不允许经商的。史书曾记载宰相赵普广为人知的受贿事件。

开宝六年（973），宋太祖造访赵普府第。正好吴越王钱俶派人送来信和礼物，单子上说是"海物十瓶"。正好宋太祖的车驾到了，赵普匆忙出去迎接，来不及遮挡礼物。宋太祖看见，问是什么东西，赵普回答是海物。宋太祖说："钱俶送来的海物，一定很好。"就命人打开，结果发现瓶里装的全是黄金瓜子。赵普很紧张，叩首谢罪："我还没有打开书信，实在不知道里面是什么，如果知道，一定会上奏陛下，拒绝这些东西。"宋太祖笑着说："尽管收下，不要过虑。他还以为国家大事都是你拟定的呢。"

当然这个故事耐人寻味，好多层意思。第一，赵普受贿属实；第二，太祖并不认为文官受贿是多大的事，在他眼里一百个文官受贿也没有一个武官造反来得严重；第三，可以看出太祖其实看轻文官，他始终认为文官没见过大钱，成不了大事；最后，还嘲笑了一把吴越王的不识时务。

当然，宋太祖也欣赏赵普的才华，对赵普非常信任，他曾在雪夜造访赵普家，赵普燃炭烧肉置酒招待，史书记载赵匡胤称呼赵普妻为嫂子，可见关系亲近。当时北宋初立，南北方还有很多割据的政权，宋太祖主要是去和赵普商量统一大策。赵普认为统一应该先南后北，这跟赵匡胤心中想法吻合，北宋也确实是这样实施统一大计的。

建隆元年（960），太祖召见赵普问道："为什么从唐末以来，数十年间帝王换了八姓十二君，争战无休无止？我要从此息天下之兵，建国家长久之计，有什么好的办法吗？"

赵普对这些问题也早有所考虑，听了太祖的发问，他便说："这个问题的症结，就在于藩镇太重，君弱臣强而已，治理的办法也没有奇巧计策可施，只要削夺其权，制其钱谷，收其精兵，天下自然就安定了。"赵普的话还没说完，太祖就连声说："你不用再说了，我全明白了。"

于是有一天，太祖设酒宴慰劳当年跟他出生入死的同僚们，不用说，他们都已经是禁军高级将领，是手握军权的重量级人物。

席间，微醺之际，太祖终于正式开场，他说他能当上皇帝是大家的功劳，可当了皇帝后他却一天也无法安睡。

大伙说："为啥啊，老大？"

太祖意味深长地说："因为谁都想当皇帝。"

大伙又说了："现在谁敢啊？如今天命已定，谁还敢犯上作乱啊？"

太祖说出了他心中最大的担忧："我相信你们不会背叛我，不过若是你们的部下把黄袍披在你们的身上呢？"

其实也是这个道理，世事常常这样，有时不受控制，有时情非得已。此时，大伙终于恍然大悟，立刻请求太祖给他们指条明路。

太祖倒真是有他宅心仁厚的一面，跟大伙推心置腹了："人生苦短，人们追求富贵，不过是为了多些享乐，子孙过得好一点罢了。你们不如交了兵权，我派你们去好地方做个地方官，赐给你们良田豪宅，我们还可以结成儿女亲家，以保你们终身富贵，我也图个安心。"

于是大伙第二天纷纷上书请求离职，这些曾经叱咤风云潇洒走一回的将军纷纷功成身退。这事做得真不简单，本小姐可以在这里为大家梳理一下历史，在历朝历代建立初期，功臣得以富贵平安终老其实是一件很少有的事情，惯例总是屠戮功臣。鸟尽弓藏，兔死狗烹这两个成语就是这么来的。杀功臣的开国皇帝中最出名的要数刘邦和朱元璋了，但还是朱元璋更胜一筹，他几乎杀尽了跟他打江山的功臣，想想都可怕，他从一个乞丐打成一个皇帝，这一路上得有多少功臣？

天水一朝则不同，所有的功臣几乎都成了太祖的姻亲。高怀德娶了太祖的同母妹妹燕国长公主。王审琦的儿子娶了太祖的女儿昭庆公主。石守信的儿子娶了太祖的女儿延庆公主。张令铎的女儿则嫁给了太祖的弟弟秦王赵廷美。

在宋朝官场，一个不能忽视的现象便是姻亲关系网了。这关系网的开头便要追溯到杯酒释兵权。宋朝皇帝位置坐得稳，一部分原因也是因为这错综复杂的姻亲关系网，姻亲关系造就的利益共同体显示出造反风险过大且毫无必要。

就这样，太祖解决了他的心腹大患，除去了中央禁军高级将领们的职务，并取消了这些禁军的高级职位，改为由三个偏低职位的将领来统领禁军，整改后禁军最高的官称都指挥使，竟然只有正五品。

可即便是正五品，太祖也不能放心。太祖休息不好，因为使他不能安睡的事情太多了，绝不只是辽患。

★ ★ ★

太祖可以撤了禁军将领，可禁军不能撤。禁军将领就算是九品，他也得防着，这也不能怪太祖多疑，五代血淋淋的例子摆在他眼前。

对于禁军，太祖似乎永远也无法放心，就算他亲儿子来做禁军统领他也不一定能放心，他恨不能克隆一个自己，这样他一边统领着禁军，一边坐着龙椅。他自己就是曾经的禁军统领，完全知道这位置意味着什么，可以说他一手造成了自己的心理障碍。

但是无法避免，接下来让谁来做新一代禁军统领就是天大的问题了。

从一个叫杨信的人身上，我们不难看出太祖的纠结与猜忌。

杨信在履历上没有任何可圈可点的地方，也许这正是他能够上位的原因。史书记载，他上任后不久便得了一场大病，病好后喉咙已经不能正常发声，幸好他家有个小童长期伺候他，能听懂他喉咙发出的怪异声音，正好充当了杨信的翻译，因此没有影响他做官。他在后来的太宗朝继续担任这一职位，直至去世。太祖对杨信赞赏有加，评价他"忠直无他肠"。但在杨信弥留之际，奇迹发生了，他竟然开口跟家人和部下道别，原来他装哑十多年，只为在这个职位上保全性命。

太祖也有看走眼的时候，人心最是深不可测，他的是，别人的亦是。

除了中央禁军，太祖还用了一系列措施把地方藩镇的兵权、财权、行政权、司法权全部收归中央，使得地方藩镇势力再也无法和中央抗衡，从而彻底解决了唐末和五代以来藩镇割据的混战局面。

当然，杯酒释兵权确实让大宋免于成为五代后的"六代"，但亦有明显的后遗症。什么有宋一代的强干弱枝，什么有宋一代重文轻武云云。

试问历朝历代，哪个统一的王朝不是强干弱枝呢？为什么一提到强干弱枝就是宋朝呢？中晚唐和五代不是强干弱枝，结果怎么样了呢？不强干弱枝，怎么统一呢？难道天子真的受命于天而不靠兵强马壮吗？

地方上什么都没有了，拿什么来抵挡外族入侵呢？这可能是北宋末年靖康之变的祸根之一。但南宋末年蒙古军队横扫欧亚各国的时候，恐怕强干弱枝就解释不了宋朝的覆灭了。

把账完全算到太祖的头上也是不公平的，政治都是为当下服务的。太祖又不是神，他如何能预料百年之后的事情呢？百年之后的事情，跟地下的他又有什么关系呢？

话说回来，太祖在位时，并没有来自北方少数民族的巨大威胁，北宋初期北方只有辽和宋实力基本对等。所以说太祖的一套政策完全是为了应对之前五代十国时藩镇割据混战和禁军将领造反所制定的。可后来形势变化，北方的游牧民族逐渐强大，对宋的威胁日益增大，要怪只能怪太祖的子孙们没能与时俱进，保住本就只有半壁的江山。

至于重文轻武的风气确实始于大宋。大宋重文治，科举、士大夫、文化、商业、科技才是其闪光点，为什么轻武呢？因为宋朝要一扫前朝武夫治世的乱象。

世人看待历史，很多时候是在看后人对于前人的继承，而忽略了后人对于前人的叛逆。特别值得注意的是，每当改朝换代的时候，后来者看到的都是前朝的末期，这一时期，前朝的弱点与腐败毕现，新朝的建立往往志在革除前朝的一切荒唐、腐朽与弊端。所以前后连接的两个朝代往往会产生巨大的反差，难免有时候会矫枉过正。

世间哪有万全法？日久都有流弊，避免不了。

魂牵梦萦的燕云十六州

燕云十六州相当于朝廷的北大门。没有燕云十六州相当于家里没有门，太祖自是无法安然入睡的。燕云十六州也称幽云十六州，幽州正是北京，一个处于北大门的边界城市正是从此时开始了华丽转身，最终成为横跨农耕与游牧两个文明的焦点。

宋朝并不是以疆域著称于世的王朝，其疆域可谓是历代中原统一王朝中最小的。北宋就是半壁江山，南宋直白一点说就是中原王朝已经到了不能保有中原的地步。

太祖篡周立宋后，其实宋只控制了黄河和淮河一带的区域。

当时南有：后蜀（四川一带）、荆南（湖北一带）、楚（湖南一带）、南唐（东南一带）、吴越（江南一带）、南汉（岭南一带）。

北有：北汉（山西一部分）、契丹（东北，蒙古一带）。

太祖毫不掩饰他志在统一天下，不止一次向他信任的大臣们咨询统一战争事宜，用他的话说就是："卧榻之侧，岂容他人鼾睡？"他理想的征战顺序是先南后北，而这正和谋臣们的意见一致。南方割据势力都富裕且不经打，先打南方似乎是理所当然的。北方的游牧民族民风彪悍、能征惯战又没有多少油水，打起来既没有好处也没有胜算。

古代"中国"跟现代"中国"的概念完全不一样，现代"中国"是一个统一的多民族国家，而古代的"中国"指的是中原地区。

中原地区的周围当时还有一些发展程度较落后的民族，这些民族毫不留情地被称为南蛮、东夷、西戎、北狄。中原地区的生活方式大不同于"蛮夷戎狄"，有着先进的农耕文明，建城郭居住，有精美文字，衣冠楚楚，礼仪教化。而"蛮夷戎狄"则居无定所，不重人伦。为了防止北方游牧民族南下，中原政权只能不断地修筑长城。长城在人文地理上可以被看作华夏族和北方民族的分界线，在自然地理上也可看作农耕文明和游牧文明的分界线。

长城以北的土地是不适合耕种的，汉民族对于无法耕种的土地似乎没多大兴趣。但是，北方游牧民族却不断南下骚扰、抢劫中原。原因很简单，北方草原生活条件恶劣，牧草枯黄和天降大雪都会给游牧民族带来灭顶的灾难，为了生存，他们最简单的办法就是南下抢劫，况且，抢劫本身就是一种草原生存法则，对他们来说毫无心理障碍。

到了北宋时期，北方有非常强大的游牧民族契丹建立的辽。辽虽保留着游牧生活方式，但已经有了一定程度的汉化。五代十国后唐时期的河东节度使石敬瑭勾结契丹，认契丹皇帝耶律德光为父，并以燕云十六州为代价，在契丹扶持下于太原登基称帝，国号为晋，史称后晋，石敬瑭就是历史上非常有名的"儿皇帝"。

后晋的建立造成了燕云十六州大片领土的丢失，为日后北宋边患埋下了祸根。燕云十六州是中原政权的传统领土，而且地理位置非常重要，燕大体就是今天的北京地区，云大体就是今天的山西大同地区。从地图上看，我们都能知道这片地域横亘大段长城，可以说燕云十六州是抵御游牧民族南下的第一道屏障。失去这第一道屏障之后，中原政权的北方领土始终不得安宁。而辽在得到燕云十六州后，与当地的汉族有了一些融合，也有了稳定的产粮地，并且略有汉化。辽道宗耶律洪基曾自豪地说："吾修文物，彬彬不异于中华。"这句话究竟是什么意思，学界争论很大，但可以肯定辽人确实在一定程度上效法中原。

燕云十六州让太祖魂牵梦萦还有一个原因，那就是他年轻时曾随五代第一明君周世宗柴荣征辽，只为夺回燕云十六州。可惜的是，一代英雄周世宗拿下了三个州，只待最后决战时却突然病重，万般无奈回到京城后不治而亡。这样才有了太祖陈桥兵变的那个诓骗世人的背景。也许对于他来说，完成英雄当年未竟之事也是超越先贤、实现自我的最好证明。

但是，太祖不走寻常路，他并未追随柴荣的脚步派兵征讨辽，而是在朝堂之上设立了封桩库，专门用来存储每年财政盈余，待到钱财渐丰，他将用这些钱和契丹谈判，以赎买燕云十六州。若以钱赎买不成，他将用这些钱招募勇士，伐辽以图燕云。其实，和平赎买是太祖一贯的作风，他武将出身却不喜欢杀伐，习惯于用钱解决问题，当年的杯酒释兵权也是这一套路。

只不过他未等计划实现，就在烛影斧声中离世。他的弟弟也是他的继任者赵光义在他之后两次伐辽，均惨败。再后来，直至宋亡，燕云十六州也未回归中原政权。

燕云十六州的丢失使中原汉族政权失去了长城的保护，直接暴露在北方游牧民族的铁蹄之下，这给中原文明带来了灾难性的后果。燕，原本为汉地，正是从辽开始落入少数民族之手，到后来的金、元、清，逐渐变成了少数民族统治的中心。中学历史课本曾收录孙中山先生反清的口号"驱除鞑虏，恢复中华"，但这一带有民族歧视的言论在民国成立后立刻被禁止，

代以"五族共和"，用今天的大白话讲就是"统一的多
民族国家"。

花蕊夫人：更无一人是男儿

事实证明，南方那些割据政权确实不禁打，大宋在后世虽然顶着个积贫积弱的帽子，但在有宋之初，对南方的统一战争还真是战无不胜。后蜀的花蕊夫人是其中一个高级战利品，为乏味的统一战争涂上了一抹浪漫的色彩。

与征讨北方的困难重重相比，太祖征讨南方的过程充满了戏剧性且极具浪漫色彩。

后蜀是五代十国时期盘踞在四川一带的割据政权，都城在成都。唐代诗人李白有诗：蜀道难，难于上青天。所以在乱世，蜀地一带常有政权割据。在历史上，四川其实就是个独霸一方的地方，四周山，中间盆地，天府之国，到了南宋，四川实际就是一个半独立家族式政权。

宋灭蜀时，后蜀的皇帝叫孟昶。成都被称为锦城和蓉城也是源自孟昶。据说孟昶喜欢芙蓉，在成都城内遍植芙蓉，每到花季，城内一片花海。史书记载，孟昶是个十足的昏君，但他被俘东行时，成都城内百姓夹道相送，哭声震天。

太祖对灭蜀胸有成竹，他甚至在兵发四川前就在开封修好了房子，等着接孟昶入住。太祖如此轻敌并非盲目自信，他派出的由王全斌率领的北路军和刘光义率领的东路军分两路入川，仅用六十六天就灭了后蜀。

但有时，世事就是这样，顺利在前时，麻烦便在后。后蜀平定虽快，但宋军进城后纪律涣散，想想这满城的芙蓉，谁不想多捞一点啊？毕竟那个年代从开封来一趟四川也不容易。两路宋军的胡作非为和公开索贿引起了蜀地军民的极大不满，而两路宋军的分赃不公也引起了蜀地混乱。

这一乱便是两年，王全斌忙着四处救火，太祖通过迁到京城的蜀地军民和蜀地使者对当地的情况已然非常清楚，但他两年都没有召回王全斌，而是让王全斌在蜀地收拾完烂摊子再回京城。太祖其实很清楚，蜀地山高路远，如果处理不当，很容易把人逼反，再次割据四川。

待到蜀乱平定将士回京后，审判立刻开始了。几乎所有参与蜀地征战的将领都遭到了贬黜，王全斌被贬到地方十几年。但在开宝末年，被贬十几年后，王全斌终于再次升官，并获赏一大笔财物。按太祖的意思是，罚你十几年，只因南方尚有大片疆土未平，怕他人效法你，现今南方已定，自当补偿于你。太祖是个目的极其明确之人，他十分清楚自己要的是什么，为了达成目的确保大局，一切过程中的瑕疵他皆不在意。

也有极少数人，品行极为高尚，出淤泥而不染，人人都在抢时，却能够保持极端克制，其中最出名的就是曹彬。据说他从蜀地返回京城时，行囊里仅有书而已。回到京城后他立刻受到嘉奖。世人不禁感叹：蜀地山高，皇帝不远。本小姐倒以为此种人，若非大善即是大奸。

话说后蜀投降后，后蜀的皇帝孟昶被俘东行。到达京城后，他受到了足以维持一个亡国之君最后体面的礼遇。太祖为了显示自己的宽宏大量，海纳百川，封了孟昶从一品官，外加四个头衔封号，于是孟昶就在早为他建好的房子里住了下来。但事情的发展出乎意料，孟昶在正式册封后七天就暴毙而亡，说他是病死的估计很难让人信服。

孟昶的死因变成一个千古谜团还跟一个女人有关，这个女人就是花蕊夫人。花蕊夫人是一个惊艳的人物，相传她是孟昶的宠妃——徐贵妃。花蕊夫人不仅美丽，还特别擅长作诗，她留下的诗作有上百首，其中最有名的便是《述国亡诗》。后蜀灭亡后，花蕊夫人随孟昶一起被俘来到开封，随后进入了太祖的后宫。太祖异常喜爱花蕊夫人，听说她会写诗，便请她写一首。

君王城上竖降旗，

妾在深宫那得知。

十四万人齐解甲，

更无一个是男儿。

据说太祖对这首诗非常满意，觉得这诗是在夸赞宋军无与伦比的战斗力，因为后蜀有十四万军队，而太祖派去灭蜀的军队仅有五万。或许太祖只是想找个文雅的方式跟美人搭讪，并无意真正理解她的诗句。简单想想就能体会到这诗根本无意夸赞宋军，似乎只是在抱怨后蜀无男人，恨不能她自己披甲上战场。

花蕊夫人确实进了太祖的后宫没错，所以，这就够人臆想了。于是太祖霸占人妻，谋杀她丈夫的说法变得流行起来。中国的史书，写女子的不过那么一点，归纳起来无外乎红颜祸水或者红颜薄命，这在男权社会无疑是女人最大的不幸。美丽是上苍的恩赐更是优良基因的表现，跟祸水和薄命哪有半毛钱关系啊？说到底，这些史书均为男性所写，在男性君主的统治出现问题的时候，史官会下意识地将祸根指向女性的引诱，而无视男性才是完全拥有主动权的一方。

由此事情越传越玄乎，编派她间接害死了丈夫不说，还说连太祖也是被她间接害死。相传太祖的弟弟赵光义在宫中对花蕊夫人有调戏之举，被太祖发现，以至于赵氏兄弟大动干戈，最后太宗杀死了太祖，这出戏虽然离奇，却也是"烛影斧声"的另一个版本。

这还没完，本小姐再讲一段野史中的野史。这个版本里赵光义不但没有调戏花蕊夫人，反而力劝太祖不要被美色所迷惑，远离花蕊夫人。他苦苦劝谏哥哥，说花蕊夫人是亡国之君的妃子，乃不祥之人，切不可迷恋。有一次太祖带花蕊夫人打猎，赵光义也一同前往，将本来瞄准动物的箭头射向了花蕊夫人，杀了她。

女人就是这样的存在，正史不载，野史纷纭。两千年来，关于女人，书中所写多是"苦情"，不是为男人殉节，贞节牌坊一座座；就是被男人抛弃辜负，流落烟花柳巷，那些当尼姑了此残生的都算幸运的。仿佛女性本身并没有价值，世人只在意她的父亲是谁，她的丈夫是谁，她的儿子是谁。今天是女人最好的时代，独立女性正在逐渐颠覆传统认知，虽不能完全打破传统思想对女人的评判标准与定位，却也能够活出女性自身的价值。你可以要男人也可以不要男人，无论你要或不要，千万不要辜负了这个极好的时代。

再回到孟昶之死，多数史学家认为他是被太祖的毒酒害死的。太祖为什么要杀他？最大的原因是灭蜀后，蜀地爆发了两年的叛乱，而在叛乱的最激烈时，孟昶来到了开封。蜀地形势不好控制，而孟昶在蜀地又有着极高的号召力，为了尽快平定蜀乱，太祖下了毒，至于花蕊夫人估计也就是顺手牵羊的事了。

宦官、宫女与巫婆：奇葩国南汉

南汉国的奇葩事跟他们军队里的大象一样，一直被各路史家津津乐道。太祖说他要救此一方之民，可能也是真心了一回。

太祖灭蜀后，又将矛头指向了最南方的南汉。南汉是五代十国时期最南边的地方政权，国主姓刘。它原本的封地在封州，也就是今天的广西梧州，发展壮大后将都城迁到番禺，也就是今天的广州附近。

南汉的疆域大致是今天的广东、广西。南汉是个无比奇葩的国家，它的迷信和荒诞已经到了令人难以置信的地步。太祖在听说了这个国家的那些奇闻逸事后，说了句"吾当救此一方之民"，要不是此话针对南汉，本小姐还真不相信太祖这话是发自内心的。

南汉皇帝个个嗜杀成性，生活荒淫，迷信算卦，他们重用三种人：宦官、宫女和巫婆，搞得整个朝廷乌烟瘴气。而且南汉最后一个皇帝刘鋹，是诸多先帝恶习的集大成者。他生活极度荒淫，汉族女人他已经看不上了，据史料记载，他天天和一个波斯女人厮守在一起，朝政则丢给宦官、宫女和巫婆。他不仅信巫婆，也号称信佛，阿弥陀佛的佛！他在都城番禺建了二十八座寺庙，以代表天空的二十八星宿。在他当政时期，南汉皇宫里的宦官数量达到了两万多人，宦官是一种可怕的存在，六根不全，对正常人和社会有着变态的仇恨。当时也有一些人，为了在南汉当官而自愿变成宦官。所以，阉工在南汉是一种很赚钱的职业。大宋攻破番禺后曾经一次性处死多名阉工，据说太祖不喜欢这种把男人变成不男不女的人。

由于南汉朝廷奢靡成风，在当时的广东深圳沿海设立了媚川都这种半军事组织采集珍珠。古代的珍珠不像今天这般不值钱，真假难分。因为那时没有人工养殖之说，所有的珍珠都是天然的、稀缺的。那时也没有潜水设备，人绑着一块石头就下去了，水面上有人拉着绳子。找到珍珠就有人把你拉上来，找不到珍珠就不拉了，可以想见采珠人的惨状。

970 年，大宋兵发岭南，可以想象这仗没有什么可打的，很快宋军就兵临番禺城下。当然，刘𬬮早就做好了逃亡的准备，他准备了十几艘大船，上面装满了金银珠宝和美女，但是，没等刘𬬮上船，几个他信任的宦官就把船开跑了。几个在岸上的宦官又给他出了个馊点子，说大宋的军队是觊觎我们宫殿的财富才来攻打我们的，我们一把火把宫殿烧了，大宋军队自然就会退兵了。于是一把火就把存在了五十多年的宫殿烧了。

就这样，南汉灭亡。刘鋹被俘北上开封。太祖给他封了官，据记载刘鋹由于能说会道，最后成为太祖身边茶余饭后的小丑，专门负责逗乐。管他怎样，他倒是活了下来。

南汉荒诞至此，似乎已经没啥好说的了，但这世上即便再荒诞，也不是没有明白人。《嘉靖广东通志》里记录了一个叫作胡宾王的人。他在南汉小朝廷里为官，深知刘鋹的荒淫，于是辞官归隐田园，埋头写作，著有《五主传》共十二卷，详细记录了南汉五代荒唐的历史，是后世研究南汉历史的第一手资料。南汉灭亡后，他将这部书改名《刘氏兴亡录》献给了大宋。后来他又在大宋中了进士，官至翰林。

胡宾王不与恶行合作却也无力反抗，他隐退在家却不自弃于乱世，他独善其身静看时光流过。在本小姐看来，这等人无论出世还是入世都是真正的高人。

南唐情事：垂泪对宫娥

林花谢了春红，太匆匆。无奈朝来寒雨晚来风。胭脂泪，相留醉，几时重？自是人生长恨水长东！这世上最痛苦的事莫过于做诗人的妻子。

"朝来寒雨晚来风，人生长恨水长东。"975 年，南唐都城金陵（今南京）被攻破。宋军最高指挥官曹彬深得太祖慈悲为怀的理念，与宋军众将士盟誓：城破之日绝不滥杀一人。也许因蜀国的前车之鉴，这一次宋军秩序井然，没有发生任何骇人听闻的烧杀劫掠。宋军统帅曹彬对李煜这个投降的南唐国主可谓仁至义尽。在他被押往开封前，甚至允许他返回宫殿尽可能多拿一些金银珠宝，并告诉他，到了开封，你就是臣子了，生活肯定不比在南唐，多些财物或许以后能过得宽裕些。但李后主亲眼看到国破家亡的一幕，自是悲从心来，已无心拿取财物。据说他最后一次返回宫殿时，将大部分的财物都赐给了他的近臣们，并留有一阕词《破阵子》：

四十年来家国，三千里地山河。凤阁龙

楼连霄汉，玉树琼枝作烟萝，几曾识干戈？

一旦归为臣虏，沈腰潘鬓消磨。最是仓皇辞庙日，教坊犹奏别离歌，垂泪对宫娥。

南唐投降时，至少还有 60 万人的军队，也难怪后世一边嘲笑他缺乏男子气概，只会"垂泪对宫娥"，一边评论他的词"以血书者也"。当然，后来他的遭遇着实令人同情，故国不堪回首，长歌当哭。他在经历了家国大灾难大痛苦后用诗人的情怀写下了内心的落寞与惆怅，可以说，后世无人能及。而他早期的词大多以香软婉约著称，也是写尽了前期宫廷生活的恣意欢乐与男女情事。其中最出名的一阕要属《菩萨蛮》了：

花明月暗笼轻雾，今宵好向郎边去。刬袜步香阶，手提金缕鞋。

画堂南畔见，一向偎人颤。奴为出来难，教君恣意怜。

大多数史学家认为这阕词写的是李煜与小周后偷情时的场景。用现代白话说就是：

一个多情的夜晚，花明月暗，轻雾中弥漫着暧昧的气息。今晚她终于要去会情郎了。她穿着黑色丝袜，手中提着高跟鞋，香味随着她的步伐散落在阶梯上。

她在宫殿的南边见到了情郎，一见到他便依偎在他的怀里。娇嗲道："人家好不容易才出来，你一定要好好疼爱人家。"

由上可见，宋词就是偷情也透着文雅。这阕词在当时就流行甚广，以致小周后艳名远扬。当李煜和小周后正式大婚时，江陵万人空巷，据说有人为了看新娘不小心从高楼上摔了下来。所有人都想一窥这个半夜三更穿着香袜拎着金缕鞋跟姐夫偷情的小姨子的真容！但跟诗人谈恋爱也是有风险的，他把爱情写得浪漫至极，你可能仅仅是个灵感。李煜的结发妻子、小周后的亲姐姐大周后周娥皇，便是另一个灵感。

在金陵这个温柔乡，李后主到底和周氏姐妹有着怎样缠绵悱恻的情事？金陵城破后，李后主和小周后被俘北上开封，又有怎样的遭遇？这一切，得从头说来。

★ ★ ★

南唐（937—975）五代十国的十国之一，定都金陵，极盛时有今江苏、安徽淮河以南和福建、江西、湖南及湖北东部地区。事实上，在整个北宋统一南方的过程中，南唐与吴越是最强的两个对手，而吴越姓钱，是富而不强，南唐姓李，接了大唐的班，又富又强。

其实，这一点从景德镇的瓷器就能看出些端倪。景德镇正是从宋朝开始出名的，为什么宋朝会冒出个景德镇呢？景德镇也不是凭空而来的，往上追溯历史便是南唐。通常来讲，瓷器特别是漂亮的瓷器代表着对生活物质的讲究，这种高层次的讲究一定是以金钱为基础的，景德镇能在宋朝脱颖而出，南唐的富庶是其基础。

历史上大名鼎鼎的李煜是南唐最后一个国主，李后主，他出生于乞巧节，也死于乞巧节，有着浪漫至极的诗人气质。史书记载他生有异象，不仅重瞳而且并齿，所谓重瞳就是一个眼睛有两个瞳孔，并齿就是牙齿合并重合。这样的长相放到现在可以说是有些缺陷，但并不妨碍他后宫美女如云，权力是最好的催情剂，长相年龄啥的都不是问题。

关于南唐后主李煜，缠足也是不能不说的。缠足的起源有些争议，但多数史学家认为缠足起源于李后主时期的宫廷。李后主的宫婢窅娘用帛绕脚在金莲上起舞。后世称男性欣赏女性的小脚为"金莲崇拜"便源于此。但就李后主本人而言，他并没有特别偏爱小脚的嗜好，他在词中写到与小周后幽会时的场景："花明月暗笼轻雾，今宵好向郎边去。刬袜步香阶，手提金缕鞋"，"刬袜步香阶"就是指小周后是穿着袜子在台阶上自由行走，而缠足的女人是无法穿袜子的。

南唐共有三代君主，是大唐王室的后裔。三千里江山传至中主李璟时还是国力强盛。但中主李璟在位时正好时逢一代圣主后周世宗，周世宗三征南唐，打下了南唐在长江北岸的十三个州，面积大约占到南唐总面积的二分之一。南唐不仅江山半失，而且都城金陵直接暴露在后周的军事威胁之下。

中主李璟深知南唐的军事实力无法与中原大国相比，所以立刻决定迁都洪州（今江西南昌）。生性懦弱的中主李璟在迁都一事上立场坚定，力排众臣，也许是被周世宗打怕了，也许是害怕南唐亡在自己手里。其实南唐与南汉的荒诞不同，中主和后主基本没有大的过失，只是北方中原政权逐渐强大，统一南方割据政权是一个大的趋势，只是看谁倒霉赶上了而已。南唐二主或许是看得太明白，所以他们基本没有大的作为来守住国土，而是"进贡以求苟安，享乐以尽人生"。

后主李煜是中主李璟的第六子，原本承继大统的希望渺茫。但由于家族病的原因，李煜的五个哥哥相继病死。中主去世时，他是唯一的成年皇子。但即使这样，群臣仍不看好他，对他的评价是"轻肆，德轻志放"。李后主十八岁时与十九岁的大周后周娥皇大婚。他的幸运在于政治婚姻中碰到了人生的红颜知己，两人婚后一直过着天上人间的日子。

他们在风花雪月中度过了十年，大周后在她二十九岁时病逝。小周后是大周后的亲妹妹，比大周后小十四岁，当大周后病重时，小周后时常进宫探望，并借此机会与李后主私通。李后主并非不爱大周后，据史书记载大周后病重时喝的药都是李后主亲手喂的。但爱在李后主这儿跟忠诚没有半毛钱关系，他的爱不是唯一的。

大周后对此事耿耿于怀，直到她死，也没有原谅李后主，据说她是面壁而死，到死都不肯再看他一眼。在她去世几年之后，李后主和小周后在金陵举行了盛大的婚礼。婚礼虽然万人空巷，热闹非凡，但世人却多有微词，冷言冷语地讽刺着他们的爱情。

李后主继位后不思进取，不过这也不能全怪他。也许是他把时局看得太清楚，宋朝统一的大趋势已经势不可当。他一个诗人，除了垂泪对宫娥，真的做不了什么。他做的就是示弱与示好而已。他父亲在位时就已经去掉了皇帝尊号，改称国主，到了后主时，后主要求太祖称他江南国主，而非南唐国主，这个意思就是要把国号也去掉。除了自降身份外，大量进贡也是必不可少的。但无论后主如何示弱，宋灭南唐是一个既定策略，他阻挡不了。

974 年，太祖借口南唐国主李煜不朝，发兵金陵。战事毫无悬念可言。出兵前太祖设定了伐南唐的总原则："勿暴略，广威信。"这是对南唐的轻视，太祖认为大军一到，南唐就会投降了。但是，没想到的是，金陵被围困了九个月后李后主依然拒绝投降，他摆出一副要与家国共存亡的姿态，表明城破之日，他将自焚殉国。还是太祖比较了解他，说道："徒有其口，必无其志。"

于是，开宝八年（975），金陵城被攻破。正如太祖所言，李煜果然没有自焚，不过他把收藏的一大批王羲之的墨宝付之一炬。对于他这样的艺术家，也许这也就是自焚了。他随后被押往开封，由于坚持抵抗，他被封了个带有侮辱性的封号"违命侯"。

太祖到底还是放过了他。太祖于 976 年，也就是李煜到达开封的同年，死于烛影斧声之中。

两年之后，李煜在开封暴毙。和太祖一样，他也死得不明不白，世人都说是宋太宗赵光义用牵机药毒死了他。原因不外乎两个，他的词和他的女人。

他的词，句句自他的悲惨遭遇而来，触碰灵魂，直指人心，流传甚广，引发了广泛的同情和江南旧民对故国的怀念。据说他生前的最后一首词就是最有名的《虞美人》，赵光义就是因此动了杀机。

　　春花秋月何时了，往事知多少？小楼昨
夜又东风，故国不堪回首月明中！
　　雕栏玉砌应犹在，只是朱颜改。问君能
有几多愁？恰似一江春水向东流。

　　而他的女人小周后则是另一个原因。据说赵光义
时常要求小周后入宫，一去就是好多天。而她回府后
时常大骂李煜，骂的内容可想而知。于是便有了一幅
著名的春宫画《熙陵幸小周后图》，画的就是赵光义与
小周后交欢的场面，香艳异常，此画流传甚广，可以
说是中国历史上著名的春宫图之一。

　　依据文学评论，李煜在被押赴开封后的作品远比
他在江南时的作品更优秀。这是理所当然的，亡国之
痛，无限屈辱，回想起昔日的欢乐，自然悲从中来：
"雁来音信无凭，路遥归梦难成。离恨恰如春草，更行
更远还生。""独自莫凭栏，无限江山，别时容易见时
难。流水落花春去也，天上人间。"

　　别时容易见时难。虽然我们没有李煜这样的亡国
之恨、丧家之痛，但世事无常，流金岁月终会人去楼
空，谁的人生不凄凉？

宋初两大谜案：
母亲的遗嘱与雪夜中的斧头

皇族重视血统，嫡长子继位天经地义，但在实际操作中，嫡长子能继位的真是少之又少。北宋九帝，可以称得上嫡长子继位的只有两个，宋神宗和宋钦宗。但无论嫡不嫡，长不长，帝位继承大多还是父死子继。宋太宗的上位却不一样，他的皇位来自兄终弟及，而这引发了无尽的怀疑。

宋初两大谜案皆和宋太祖与宋太宗之皇位授受有关，一为"烛影斧声"，一为"金匮预盟"。

历史一旦发生就无法还原，后世史书无不是依据早前遗留资料进行合乎逻辑之分析推测，这样的推测有两个目的，或探明究竟，或寻求历史依据。

这就不难理解为什么历史多为官修，而且许多朝代禁止私人修史。一是因为私人修史资料不够，许多官方档案私人接触不到，所以私人修史的可信度根本无从谈起；另一方面，私人修史往往不能达到政治教育的目的，反而混淆了视听，对治世有不利之影响。

很不幸，寻求历史依据是理解"烛影斧声"与

"金匮预盟"这两个谜案的关键。两大谜案的发生都是在宋太祖一朝，"金匮预盟"发生在太祖立国的第二年，太祖的母亲杜太后去世之时；而"烛影斧声"发生在太祖在位的最后一年，涉及太祖死亡的原因。可以说，这两大谜案是太祖朝一头一尾的事情。

那么这两个故事又是什么时候被完整描画出来的呢？就是在李焘所著的《续资治通鉴长编》里面。

关于"烛影斧声"一事，书中言语暧昧，虽然没有明写，但给人的感觉便是赵光义在一次和太祖两人的烛光夜宵中弑兄篡位。

据李焘所写，他的这种说法源自《湘山野录》，这是一本僧人文莹的笔记。笔记本不可采信，这暂且不论，细读《湘山野录》便知道，李焘也绝非忠实引用《湘山野录》内容，而是有所删改的，巧妙之处在于：在烛影之下，李焘对于宋太宗做了极其不利的描写，而《湘山野录》中，太宗只是不胜酒力；至于斧声，李焘写太祖用斧头戳地，而《湘山野录》中，太祖是用斧头戳雪；此外，李焘还隐去了"太祖遗诏"，而《湘山野录》明确表示太宗是奉遗诏继位的。

对于"金匮预盟"一事，李焘则是引用了司马光《涑水记闻》的文字且略作修改。杜太后临终前问他的大儿子："你为何能得到天下？"当然太祖的回答也挺官方，他说是因为祖宗和太后积德，福报在他的身上。

杜太后不以为然，她认为后周母寡子弱，太祖才有了上位的机会。这才引出了重点：你千万不能传位给幼主，今后把皇位传给你弟弟赵光义便是。太祖在此应允了杜太后。

这是"金匮预盟"的大致意思，李焘用词为"汝后当传位汝弟"，而《涑水记闻》原文为"当以次传之二弟"。可见，司马光说的是太祖传给太宗再传给三弟赵廷美，可李焘改为单传了。

对于太祖死亡一事，李焘更是采用了《涑水记闻》里的孤证：宋皇后命当时的一个太监头目王继恩去请太祖幼子赵德芳进宫继位，但王继恩却请来了晋王赵光义。就是这一条直指赵光义抢了赵德芳的皇位。读者们请注意，李焘生活在孝宗朝，再联想到孝宗为德芳的六世孙，就不难理解为什么孝宗大肆褒扬李焘和他的《续资治通鉴长编》了。可见，李焘在宋初皇位授受之时，用暧昧言辞留下了千古悬疑。

《御批历代通鉴辑览》指出李焘使用《湘山野录》是虚实并存，考据不明。乾隆爷到处题字盖章的习惯令人十分反感，但他在看完《续资治通鉴长编》后的御批倒是颇有见地，大意是说《续资治通鉴长编》作于孝宗朝，孝宗是太祖幼子德芳之后，故李焘敢于污蔑太宗，而《宋史》作于元朝，元人对太祖太宗之事根本无需避讳，如果《续资治通鉴长编》可信，那么后来之《宋史》必会采用《续资治通鉴长编》之内容，但《宋史》对此全无采纳，其态度已经十分明确。

除了李焘在《续资治通鉴长编》中的手脚，太宗继位后的反常举动也确实令人起疑，他迫不及待地在开宝九年（976）的十二月，离新年还有八天的时间，宣布改元"太平兴国"。"太平兴国"元年只有八天。既然只有八天，为什么非要改元呢？如果名正言顺为什么急于改元呢？在先帝离世当年改元是对先帝的大不敬，此事蹊跷。

就这样，在一团迷雾中，太宗赵光义的时代来临了。

他深得哥哥太祖的真传，在政权无血平稳过渡方面又一次做到了极致。大宋朝野上下一片宁静。太宗的做法其实很简单，大封大赏，谁会和权钱过不去呢？所有人几乎都在新皇帝这里得到了晋升，无论是皇室、大臣还是他自己的党羽。

太宗并不甘心只做他哥哥的学生和继承者，他迫不及待地改元意图其实很明显，就是要迅速摆脱哥哥的影响，志在开辟一个自己的时代。他改自己的名字、禁军的名字、寺院的名字、大赦太祖时代的罪犯，他要快速给人们洗脑，翻过太祖这一篇。但太祖旷世文武，无与伦比在先，这种影响力不是一时能够消除的。太宗的一生就是拼命摆脱太祖影响的一生，正是这种持续不断的奋力超越的意念，才使他即使在稳坐皇位时也不敢有丝毫懈怠，新的时代已经到来。

史书记载，赵光义出生时带着红光、香气，据说和他哥哥一样，也是杜太后梦到仙人给了她一轮红日后怀上的。这样的话我们大可以看看后一笑了之，这是给皇帝写传记一个亘古不变的套路，因为皇帝的母亲不是梦见神仙就是梦见真龙。至于皇帝出生时的红光、香气什么的，本小姐真不知道生孩子除了血和羊水以外会有啥香气？红光也许是孩子出生时受到了产道挤压，或者生有黄疸……

在本小姐看来，这当史官的也是真心不容易，过于正直的人干不了这活，根本下不了笔，写出来也没法看；趋炎附势的人通常缺乏性情、少于才华，拍拍马屁也不走心。

弹丸小国的生存之道

漳泉是个连十国都算不上的地方割据，在五代的乱世中却能独存一方，保境安民实属不易。

太祖文治武功，倘若天假其年，收复辽地都不在话下，更何况区区漳泉、吴越和北汉？但这世上哪有天假其年啊？于是这些活留给了他弟弟，太宗赵光义。

本小姐是独生女，从小习惯活在自己的世界里，并不能完全理解兄弟姐妹之情。但史书看多了也知道，妹妹时常视姐姐为偶像，弟弟则下定决心奋力超越哥哥。若家里大富大贵，兄弟姐妹争遗产也是司空见惯。若是在皇家，兄弟争起皇位来就不是钱的事情了，弑父弑亲比比皆是。

太祖到底是不是太宗杀的，争议太大，但太宗朝的终极目标就是要超越太祖朝，这点大致是不错的。这种超越太祖的精神贯穿了整个太宗朝，首先就表现在了大宋的统一战争上。

太祖离世时，尚有漳泉、吴越和北汉未归入大宋版图。

漳泉就是今天福建省的漳州和泉州。福建多山而少平地，又距中原政权千里之外，是最容易形成割据势力的地方之一。

五代十国时期，闽国是当时的十国之一，他的创建者是王审知。此人在中原大乱、群雄纷争时保持了清醒的头脑，并没有称帝，而是始终自称地方节度使，尊中原王朝为正朔并不断向中原大国进贡。在南方割据政权林立，闽国被围攻时，此举无疑是保命之策，就算在地理上已经完全跟中原政权隔绝的时候，此人也从未放弃进贡。据史书记载，在闽国与中原政权陆路不通时，他始终坚持让人走海路从福建航行至山东再转至开封进贡。这些船队人员几乎一半都死在了海上，但进贡从未间断。

也许就是这片赤心，让中原老大颇为感动，始终罩着闽国，王审知在位期间战火始终未及闽国。再加上当地轻徭役薄赋税，在五代乱世中，偏安东南的福建竟然成了一片世外桃源。《旧五代史·王审知传》中写道：三十年间，一境安然。史书上这么轻描淡写的一句，就是一个人费尽心力的一生；不过反过来说，能得到史书上这般一笔，倒也是功德无量。

王审知死后，他的儿子们同室操戈、骨肉相残，闽国大乱。闽国周围的南唐和吴越趁乱瓜分了福建的五个州，南唐占了建州（今建瓯市一带）和汀州（今龙岩市和三明市一带），吴越则占了福州（今福州）。

另外泉州和漳州两个州本来也是归属南唐的，但当时南唐留守留从效趁南唐在福州败给了吴越之际，赶走了南唐的军队，自己当上了漳泉二州的土皇帝。至此开始了漳泉的割据。漳泉这个弹丸之地得以割据存活的原因同闽国一样，奉中原正朔、进贡、拜码头。

留从效死后，陈洪进当上漳泉的老大。他依旧奉行事大原则，且更加得体。他上书太祖，表示愿意听命于朝。陈洪进聪明而识时务，大宋和南唐谁的腿粗用脚趾都能想得出来。既然当了大宋的附庸，那么南唐也奈何不了他，他和大宋中间又隔着南唐，南唐没灭，大宋也无法直接统一了他。

于是，靠着这样相互制衡的关系，陈洪进在乱世之中安了一方之民。太祖也十分满意陈洪进投靠大宋，但觉得还是应该跟南唐打个招呼，毕竟漳泉在名义上是南唐的。

太祖给南唐李煜的信大概是这样写的：漳泉二州以前是你的，现在是我的了，你不要想不开，因为不管是谁的，我们都是为了当地的百姓过得好。可见千年之前，很多事也都是假其名曰"为了你好"。

陈洪进此人颇有头脑，讨好大宋得以幸存到最后，在泉州当地也做了不少好事。他当政期间扩建了泉州城，城内的崇福寺也是他所建造，今天泉州城还有祭祀陈洪进的南岳庙。

975 年，大宋灭南唐，漳泉瞬间就尴尬了。大宋堂堂礼仪之邦，说什么也不能去打一个长年累月向自己进贡的藩属国，但统一是势在必行的。好在这个陈洪进是个俊杰，主动进京向大宋献上了漳泉二州。他第一次进京是在开宝九年（976），在路上得到了太祖去世的消息，不得不返回泉州。第二次进京是在太宗朝太平兴国二年（977），随后便献上了漳泉二州。太宗未动一兵一卒便收了漳泉十分高兴，重赏了陈洪进。晚年的陈洪进住在开封城内的大宅，享受着宰相的待遇，得以善终。

想想南唐的李后主、后蜀的孟昶，再看看漳泉的陈洪进，本小姐以为大国有大国的悲哀，小国有小国的幸福。小国有小国的活法，小国好在可以随时向四面八方称臣、向中原进贡，而没有思想包袱，管他哪朝哪代，上国更姓与否。

神奇的保俶塔

西湖两个塔，雷峰塔与保俶塔。若论名气，保俶
塔不如雷峰塔，但若论吉祥度，保俶塔远超雷峰塔。
当然，保俶塔的故事远不及雷峰塔那般唯美而浪漫，
但它确实保住了最后一代吴越王钱俶。

吴越是五代十国中南方最后一个被灭掉的政权，
它最兴盛时的疆域大致为浙江全省、江苏西南部和福
建东北部。它的情形跟漳泉基本一样，偏安一隅，为
大宋的附庸。特别值得一说的是，在南方的割据政权
中南唐与吴越被认为是最有实力的，南唐有钱有兵，
吴越略逊一筹，钱多而兵不强。

吴越的缔造者叫钱镠，他和漳泉的陈洪进一样，
奉行着事大的国策，开门做中原的节度使，关门做吴
越的土皇帝。他在位期间保境安民，发展生产。数十
年间，浙江富甲一方。

吴越建都杭州，杭州城就是在吴越时期发展成了
经济繁荣和文化荟萃之地。钱镠在杭州凤凰山内建宫
殿，外建防御系统。北宋末年，靖康之难，宋室南迁，
宋高宗赵构就看中了杭州城这赛天堂的美景，当然还

有钱塘江的出海口，并在凤凰山吴越宫殿的基础上修建了南宋皇宫。此外，吴越从钱镠开始的三代五帝全都笃信佛教，今天我们看到杭州西湖周围的寺庙、宝塔、石窟等大都是吴越国时期的成就。

自秦至唐的一千多年中，中国的经济文化重心一直在北方中原。经过唐末藩镇割据，五代十国连年战乱和频繁的自然灾害，北方的经济遭到了毁灭性的破坏，人口锐减。而与此同时，南方的割据政权纷纷采取保境安民的政策，发展生产，使得长江三角洲在经济上超过了北方中原。而长江三角洲地带的繁荣以及超越都始自吴越时期，这个时期正是中国人口大规模南迁时期。

中国历史上汉族有过许多次南迁，而唐朝安史之乱后则是一次规模巨大的持续性南迁，北方割据军阀混战，而南方的政权却相对稳定，因而促成了这次大规模的人口南迁。也正是因为人口的南迁，才使南方的经济在这个时期超越了北方。

吴越国最后一代国王叫作钱弘俶，他奉行了祖上钱镠事大中原、保境安民的政策，使得吴越保持了繁荣。钱弘俶的名字颇值得一说。宋太祖刚刚建立北宋时，他为了表现谦卑恭顺，就把自己的名字从钱弘俶改成了钱俶，去掉"弘"字，以避太祖父亲赵弘殷的讳。自那之后，他单名俶。

太祖十分满意钱俶的表现，于是封他为"天下兵马大元帅"，在太祖出兵灭南唐的时候，吴越也出兵相助攻打了南唐的常州。钱俶不会不知道唇亡齿寒的道理，南唐灭了，他也就朝不保夕了。

但情势没得选，南唐和吴越跟大宋差了不是一点两点。于是，在南唐灭亡当年，钱俶就前去朝拜宋太祖。为了他能平安回到吴越，当地民众为他修建了保俶塔。

这是钱俶第一次进开封，宋太祖给了他无上的荣誉，派皇子迎接、宴请、视察下榻宾馆，甚至让他跟自己的两个弟弟赵光义和赵光美结拜，行兄弟之礼。钱俶也是个明白人，说啥也不敢。聪明人就是这样，时时刻刻都清楚自己的身份与地位，不会因为别人的一点抬举就忘乎所以。

一切看似波澜不惊，但在回程时，宋太祖的送别礼着实吓坏了这位唯命是从的吴越王。原来，太祖送了他一个黄色的小包袱，说让他在路上慢慢看。打开后，发现里面全是北宋大臣给太祖上的奏折，总结起来就八个字"扣留钱俶，吞并吴越"，这足以吓得他魂不守舍。

献地是迟早的事情了。但不论如何钱俶的第一次入宋算是平安回来了，可见当地民众为他修建的保俶塔还是有用的，这保俶塔就此与雷峰塔一起，屹立在西湖边，直到今时今日。

到了太宗朝太平兴国三年（978），漳泉的陈洪进献土后，钱俶别无他法，也向大宋献上了领土。就这样，南方统一了。

北宋的全国统一战争其实跟北宋开国的陈桥兵变一样，是非常耐人寻味的。与历朝历代统一的血腥史不同，北宋全国统一战争，特别是对南方的统一，人命的代价是非常低的。几乎没有任何叫得出名字的大战，也几乎没有任何拼死抵抗，荆南、楚、后蜀、南汉、南唐、漳泉、吴越就纷纷投降了。

正因为这样，南方的繁荣稳定得以延续。当靖康年间，金兵攻破开封，宋室彻底南迁后，南宋以长江以南的领土依然保持了强大的经济实力并挡住蒙古骑兵南下数十年之久，大概也是因为南方数百年的平静所积攒的实力。

统一有很多种方式，战争其实是其中最糟糕的一种，往往会使族群分裂，深深埋下敌对与仇恨的种子，延续数代无法化解，这才是最大的不幸。

最后一根硬骨头

北汉处于河东地区，拥有山川险固的军事要塞，是盛世最后归附、乱世最先叛乱的地方！

北汉是五代十国最后一个被收复的割据政权，位于大宋和辽的中间，占地非常小。北汉之所以能够存在完全有赖辽的庇护，因此太祖在南方未定的情况下也不敢对它轻举妄动，毕竟南北两路用兵乃兵家大忌。

太祖在他生命的最后几年一直致力于灭北汉，但北汉却一直幸存到太宗朝。原因不外乎辽这个强大的后援，以及天不助宋。

南方统一后，太宗立刻着手攻打北汉。

北汉是后周世宗柴荣和太祖赵匡胤都搞不定的地方，于是这便成了太宗证明自己最好的佐证。太宗雄心勃勃，发誓要赶超他哥哥和他哥哥的前辈。

北汉地域，包括太原城以及周围的十个州（约为今山西中部和陕西、河北部分地方），是北方的小国，面积不到后周的十五分之一。我们经常听到的河东就是这个地区。河东拥有山川险固的军事要塞，是盛世最后归附、乱世最先叛乱的地方，这一点《山西通志》

说得真是一点也没错！

北汉的建立者刘崇是五代十国后汉高祖刘知远的弟弟。刘知远去世后，他的儿子汉隐帝继位，但郭威篡位建立了后周，不仅杀了汉隐帝还杀了刘崇的儿子。所以在刘崇看来，刘家的天下被篡夺、儿子被杀，后周为死敌，有不共戴天之仇。由于这个历史原因，后周世宗攻打北汉时，北汉上下均以死相搏。

但后周的皇位很快也被赵匡胤给篡了，大宋代后周了。照理说，宋太祖是给后汉刘家报了仇了。但北汉依旧有着非常顽固的保守派，始终视中原政权为死敌。

太宗上台后，力排众议，北汉一定要打，他太需要向世人证明自己，哥哥功绩太大，压得他喘不过气来。

于是太平兴国四年（979），太宗亲征北汉。亲征之前，宋辽关系已经由冷转热。宋辽极有可能已经签订了某种合约，那就是宋辽均承认了燕云十六州为历史遗留问题，宋北伐仅限于北汉，而非对燕云十六州有所图。很明显，北汉此时已经被它的后台大佬抛弃了。

太宗的战略是围城打援，由于援军并未出现，北汉国主刘继元在死守了三个月后，出城投降。他投降之后，北汉还有大批的臣民顽固抵抗，死战到底，其中最有名的便是北汉名将刘继业。

刘继业本姓杨，儿时过继给了北汉皇室做养子，因而改姓为刘。他是《杨家将》里杨业的原型。太宗对北汉的顽固抵抗非常愤怒，杀了一批对北汉忠心耿耿的人。他可能太生气了，也可能是缺少哥哥那样的气魄，不过他留下了刘继业，并替其改名杨业。

接下来太宗所做的事情让人大跌眼镜，他下令放火毁城，显然他没有哥哥的胸怀。太原城所有的宫庙民宅全部毁于一旦，这座上千年的古城一日之间化为灰烬。用现代观点来看，军事征服后的毁城意义并不大，更像是恐怖组织所为，而非仁德之师所为。毁城虽残忍，但太宗好歹是个文化人，就算再愤恨也不曾有屠城的举动。他处死了一批顽固的抵抗者，但屠杀未波及一般百姓。

就这样，随着太原城的消失，北宋的统一大业终于在太宗手上完成了，如果他在此时班师回朝，他的功绩真的就可以媲美太祖了。但他没有，他欣喜若狂、踌躇满志、得意忘形，被胜利冲昏了头脑竟然一鼓作气准备伐辽，以为他真的能超越太祖。

辽与宋的爱恨情仇

所谓和平，大概就是谁也干不掉谁，只能凑合一起过。

太平兴国四年，也就是宋太宗灭掉北汉的当年，太宗决定伐辽夺回中原故地燕云十六州，显然他被灭掉北汉的胜利冲昏了头脑，一心想着超越太祖，名留青史。可太祖是一代武将，跟着周世宗打过江山，知道谁能打，谁不能打，什么时候打，怎么打，而太宗说到底是一个文人。伐辽这一冲动的决定给大宋带来了无穷无尽的麻烦，可以说，太宗追悔莫及，他在高梁河（今北京西直门紫竹院一带）之战时大腿中两箭。箭伤连年复发，太宗最后死于箭伤的并发症。

灭掉北汉之后，北宋的士兵根本无心恋战，因为好不容易啃下了北汉这么个硬骨头，大家伙都等着领赏呢。但太宗不发赏赐，决定借着胜仗的春风再打辽。结果宋在高梁河战役中大败，损失惨重，太宗腿中两箭，乘运粮的驴车仓皇逃回开封，可谓脸面尽失。给他驴车的正是杨业和他的儿子杨延昭，杨业当时是负责押运粮草的副将。据说，杨业让杨延昭把自己的马给太宗南逃，太宗婉拒，并说道："大将没有马如何作战？"其实，他的腿伤严重到已经无法驭马。

北宋的第一次伐辽遭到了辽景宗一系列的报复。宋辽胶着中互有胜负，呈拉锯状态。心理上，宋军的变化是巨大的。大宋在后世虽然顶着个积贫积弱的帽子，但在高梁河战役之前，宋军从未输过！在征讨南方的过程中，宋军可谓百战百胜，对北汉也就是打不下来撤走再打。高梁河之战不仅败而且是惨败，输得连皇帝都差点成了俘虏，上上下下都产生了严重的畏辽情绪。而且辽在获得高梁河大胜后，时常恣意南下烧杀抢掠，令北宋边民苦不堪言。好在撤退途中，宋军布防得当，挡住了辽军进一步南下报复。

太宗起初还打算超越太祖，现如今，他不得不降低目标，挽回些许颜面即可。一晃七年就这样过去了，一条重要的情报让太宗觉得复仇雪恨夺回燕云十六州的机会终于来了。982年辽景宗英年早逝，年幼的辽圣宗继位，由辽圣宗的母亲承天太后萧太后摄政。这让太宗觉得机会终于来了，母寡子弱啊！想想他哥哥是如何上位的，一样啊，周世宗英年早逝，留下了七岁的柴宗训，结果不过半年就变了天。

事实证明，历史经验主义害死人。这条情报确实没错，但错在太宗小看了女人，没把承天太后放在眼里。这位承天太后就是历史上鼎鼎大名的萧太后——

萧燕燕。说起萧燕燕，凡是看过各种杨家将演义的都再熟悉不过了，那是一个女魔头啊！但演义与历史相去甚远，萧太后是辽史上的一代英主，辽就是在萧燕燕和她儿子当政期间走向了极盛。

萧燕燕的左膀右臂是韩德让和耶律斜轸。韩德让是燕云十六州的汉人，他出生时，燕云十六州已被辽统治多年，他的家族世代在辽做大官，到他这一代已经是辽最大的实权派。由此也可见，那时契丹的汉化程度惊人。耶律斜轸是辽皇室成员，握有实权且影响极大。这两人出面支持萧燕燕与小皇帝，辽虽说母寡子弱，但绝非政局不稳。

萧燕燕与韩德让的暧昧关系也是让宋人津津乐道的话题。所有萧燕燕与韩德让的情事皆出自宋人笔记，《辽史》并无一言半语。宋人的记载中，萧燕燕年轻时曾经许配给韩德让，但世事无常，辽景宗坏了好事，娶走了萧燕燕。景宗英年早逝，于是已经贵为太后的萧燕燕有机会与初恋韩德让重修旧好。两人同居共食，俨然事实夫妻，甚至合谋害死了韩德让的妻子。这也许是宋人对韩德让的刻意诋毁，毕竟《辽史》未见任何记录。宋人的心情也不难理解，韩德让一个汉人，却认蛮夷为主，实在不可隐忍。

草原上早期的游牧民族对于婚姻的态度与中原汉人相比可谓天差地别。对于他们来说，寡母再嫁根本不是个事。相较于礼教森严的汉人来说，契丹贵族的妻子们拥有离婚再婚的权利。他们的收继婚制度也不被汉人理解，他们的做法是：父亲死了，儿子要娶所有继母。这对汉人来说，简直骇人听闻！但这种看似"乱伦"的做法，其实是为了防止家族财产外流。

在文化程度上，辽远不如宋，但这并不和执掌大权的妇女境况成正比。在游牧民族的生活中，男人往往集中精力于战争与狩猎，这使得游牧女性有机会获得极大的政治影响力。辽太祖耶律阿保机的妻子就拥有自己的军队，辽太后萧燕燕亦拥有自己的军队，在她的丈夫景帝在位时，她就拥有极大的影响力。辽圣宗继位后，她更成为实际执政者。

杨家将：一将功成万骨枯

葬我于雁门之外，守我家国。葬我于长城脚下，护我故乡。

金庸先生的《天龙八部》写的就是宋与辽的爱恨情仇。

男主角萧峰其实就是契丹人，生于辽而长于宋。他的生父萧远山被奸人所害，导致骨肉分离，萧峰被寄养在宋朝农户乔氏夫妇家，改名乔峰。他智勇双全，武功盖世，曾任江湖第一大帮派丐帮的帮主，掌管丐帮的八年间，他不遗余力，帮助北宋军队抗击辽兵入侵，在江湖获得了如泰山北斗般的地位。

但他在契丹身世揭开后被迫退隐。后来，他远走塞外，解开身世之谜为亲生父母报仇。途中他结识了他的至爱阿朱，并在辽帮助他的义兄耶律洪基平息叛乱，因功封南院大王。萧峰不忍两国生灵涂炭，拒任平南大元帅一职，并奋力阻止辽攻宋，且胁迫耶律洪基下令，不许辽兵越过宋辽边界，用他的生命换来了宋辽数十年的和平。

最后，他断箭自尽于雁门关之外，在这个一边是辽、一边是宋的要塞、一边是他的生父母、一边是他的养父母的地方。

"身经百劫也在心间，恩义两难断。"

萧峰要是个真实存在的人，在今天绝对是世界级和平奖的得主。金庸先生笔下的这个人物，的确值得我们反思。是不是主战派就一定是爱国者，主和派就是懦夫卖国贼？拿萧峰来说，他就是主和派，有情有义，对爱情坚贞，倡导人道和平，有着悲天悯人的情怀，而这一情怀超越了民族与边界。

金庸笔下的英雄死在了雁门关，在辽宋的恩怨史上，还有一个真正的英雄也同样死在了雁门关。他的死并没能像萧峰一样给两国带来和平，但这不妨碍各种评书、演义、戏剧对他无尽的褒扬，直到今天。他就是杨业，杨家将中的杨老令公。

杨业的出身和他前半生的经历就能让读者们大跌眼镜。杨业本名杨重贵，是五代十国时期麟州刺史杨信的儿子。杨信为了讨好后来成为北汉皇帝的刘崇，把儿子杨重贵寄养在了刘崇身边，成了北汉皇室的养子。刘崇非常喜欢杨重贵这个孩子，就按自己孙子辈"继"，给他改名"刘继业"。

而北汉与中原政权后周有世仇，大宋又是代周自立，所以，刘继业所在的北汉实际上与大宋是敌对的，打过很多仗，本小姐前面也讲到过，北汉是北宋全国统一战争中最后一个打下来的，太原城的全民抵抗让宋太宗震怒以至于下令毁城。宋史对刘继业与北宋的这些战役甚少提及，提到的也基本都是刘继业被宋军打得大败。很难想象一个后来被辽军称作"杨无敌"的将军为何会逢宋必败。照理说，论打仗，宋不是辽的对手。仔细看看，史书也是自相矛盾，令人费解。

北汉被灭后，北汉国主刘继元降宋，这时刘继业还在组织太原市民继续抵抗。宋太宗知道刘继业是个名将，于是下令让北汉国主刘继元劝刘继业放弃抵抗。最后，在刘继元的劝说下刘继业降宋。降宋后，宋太宗替他改名"杨业"，去掉了北汉的国姓刘，也去掉了"继"字辈，让他真正成为"大宋的名将"。这位所谓的"大宋名将"其实前半生近二十年的时间都在与大宋抗衡。名字可以改，事实却不能，他始终不是本家骨肉，他是个降将。"投降"就是变节与背叛，是一个怎么都摘不掉的帽子。也就是这个尴尬的身份，后来酿成了杨业的悲剧。

最令本小姐迷惑的还是后世为什么会把杨老令公美化到神乎其神的地步。杨业对大宋朝廷的忠诚度到底由何而来是个大大的问号。

按记载来看，他从小生在与中原政权敌对的北汉，还是皇室养子，军旅生涯的前二十年都在与宋军交战，在北汉皇室投降后依然坚持抗宋。这样的人，气节应该如文天祥与陆秀夫一样，誓死不降才对。奇怪的是，他不仅降了，还对新主宋太宗表现出了一种超过前朝的忠诚，这实在令本小姐十分费解。后世的记载往往集中在他抗辽事迹上，对他的变节降将身份是刻意回避的。

★ ★ ★

再说到大宋，太宗为雍熙北伐做了充分的准备与周密的安排，以图一雪前耻！

宋军分为三路：东路、中路和西路。东路军主帅曹彬，中路军主帅田重进，西路军主帅潘美，副将正是杨业。东路是主力军，有兵力十万。但东路军旨在吸引和牵制辽军主力，为中路军和西路军创造机会，拿下各州。中、西路完成任务后，向东部靠拢，共图幽州。

刚开始时，形势大好，中路和西路军捷报频传。但问题出在了东路军，东路军攻占涿州后，粮道被辽军大将耶律休哥所断，不得不放弃涿州退回雄州。随后，东路军军心不稳，原因是他们跟中、西路军相比毫无战功，因此所得也逊色不少，一些将士求功心切。

东路军主帅曹彬未能控制住军士们的情绪，最终，东路军再次攻打已经被放弃的涿州。第二次打下涿州之后，东路军无援无粮，且听说萧太后率领的援兵马上就到，不得不第二次放弃涿州，带上涿州百姓一起南撤。但是，带上百姓的逃跑速度哪能跟辽军的速度相比？很快东路军被辽军追上，来回折腾的东路军还带着百姓，根本无力再与辽军作战，对战很快变成了一场屠杀。

东路军其实是第二次北伐的主力军，是最后攻取幽州的中坚力量所在，所以东路军的溃败彻底带走了太宗收复燕云十六州的豪情壮志。现在太宗只能迅速回收兵力，以减少损失，于是他向中路军和西路军下达了全面撤军的命令。

可大宋的一员猛将死在了撤军的路上，这才有了杨家将的故事。

在东路军全面溃败后，西路军接到了全面撤兵的命令，杨业正是西路军的副将。朝廷要求西路军带着当地的百姓一起撤离已经被他们攻占的寰州、朔州、应州、云州四州。如果只是军队撤离杨业不可能出什么问题，但带着老百姓就不同了，撤军速度变得极慢。但带着百姓，西路军至少还有那么点成果，古时人力是极大的资源，似乎能挽回太宗的些许颜面。

就是为了自己的颜面，太宗的一员猛将死在了撤军的路上。辽援军眼看快要到达西线，怎样才能带着四个州的老百姓安全撤离呢？杨业想出了一个办法：次第掩护，比如，军队从寰州到朔州时，寰州老百姓撤离；军队从朔州到应州时，朔州老百姓撤离；军队从应州到云州时，应州老百姓撤离。这样就可以完成三个州的百姓撤离任务。这个建议遭到了监军王侁强烈反对，而主帅潘美此时沉默不语。

其实，军队名义上的主帅是潘美，但是实际上，监军王侁地位更高。皇帝不信任武将，压低武将地位是大宋一贯的风气。监军其实也就是皇帝的亲信派去监督主帅的，监军通常并非武将，压根不懂军事。在前线，监军可以撤换主帅，主帅却不能罢免监军。宋军的战斗力由此可见一斑，宋朝有祖宗家法，以文制武，在权力的设置上，互相牵制。这样，造反的人是没了，但这样的军队面对辽军时的虚弱显露无遗。

监军王侁反对的理由是朝廷要我们带回四个州的百姓，只带回三个州的百姓就是抗旨，无法跟朝廷交代。他认为此时军队应该北上直奔寰州与辽军决一死战！杨业避敌的做法被他戴上了"怯敌"的帽子，但杨业坚持认为，此时东路军全军覆没，天时地利人和皆不在宋，如若盲目与辽军决战，必败无疑。监军王侁此时挑衅道："你不是号称'杨无敌'吗？你现在拥兵数万，却不敢与敌人决战？莫非你有他志？"

一般人也许不会过分在意这句话，但杨业不同，他是太原降将。他最怕被人怀疑有他志。而主将潘美始终一言不发，他根正苗红且位高权重，犯不着为了一个太原降将得罪监军，监军可都是皇帝的亲信。正是潘美此时的沉默与纵容使他在后世声名狼藉。杨业最终选择以死明志，他带着几千人做前锋与辽军决战。他知道此去凶多吉少，出发前，他请求主帅潘美在他撤回路上的陈家谷埋伏弓箭手，否则，他的部队恐将无一生还。

杨业刚出发，王侁和潘美就在陈家谷埋伏下了，但谷中一直没有动静，王侁推测杨业已经杀退了辽军，于是，顾不上杨业的嘱托，带军离开了陈家谷。但大军走了不到二十里，就有百姓和溃兵跑来说宋军败了，杨业寡不敌众。王侁一想杨业偏师也就几千人，没了也就没了，若西路大军几万人搁在这里没了，根本无法跟朝廷交差，不知道要官降多少级。潘美明知道若大军一退，杨业的偏师必死无疑，但自己的前程显然比他人性命重要。于是西路军丢下杨业逃之夭夭了。

等杨业奋战到了空无一人的陈家谷，悲愤异常。对他的部下说："你们先走，突围后将经过报给皇帝，为我鸣冤。"但部下为杨业的人格所感召，无一离去，也无一生还。杨业身受十余处重伤，最后被辽军俘获。

《杨家将演义》以及许多讲杨家将的民间戏曲都写到杨业是血溅李陵碑而死，但演义是一种虚构，反映的是民间对英雄的渴望。较为可信的说法是杨业在被辽俘后箭伤发作不食而死，这种说法源自《辽史》。在本小姐看来，杨业选择降宋而不降辽主要原因还是北汉国主刘继元的劝降，杨业不愿降辽，在最后出征与辽军决战便是无限愤慨的，他出征时便已打算一死以证明自己对大宋的忠心。

杨家将的全军覆没标志着雍熙北伐彻底失败。去时的三路大军，东路军被打没了。时过境迁，太祖换成了太宗，名将主帅曹彬也早已不是那个灭西蜀和南唐的曹彬了，不过这也不能怪他，西蜀和南唐都乃太平之地，哪有契丹这般善战？中路军勉强保存了实力，西路军在杨家将的掩护下算是狼狈地回到了大宋的怀抱。

这样的战果让宋太宗再次颜面扫地，收复燕云十六州的雄心彻底化成了泡沫。在残酷的现实面前，他不得不低下了高贵的头，调整了对辽的战略，从战略进攻转成了战略防守。所幸的是，北宋转入战略防守后，倒是借助着地形与城池的优势，节节获胜，虽然胜利只是小范围的，但也挽回了一些士气，又一次把辽军拖入了胶着战。从雍熙北伐（986）到太宗去世（997）的这十一年间，辽军从未停止报复性南下入侵，不断进攻北宋边境，企图彻底摧毁北宋的北部防线。好在，北宋军队始终依托城池与地形，以及富庶的大后方优势，挡住了辽军南下。

太宗虽然在对辽战争中屡战屡败，但这并不妨碍他在朝中除掉了他的弟弟赵廷美和太祖的两个儿子赵德昭和赵德芳，成功将皇位传给了自己的儿子赵恒，也就是后来的宋真宗。真宗于继位翌年改元咸平。这是自北宋建立以来首次皇位和平传承。当然，兄终弟及没有了，把皇位传给自己的儿子才是亘古不变的法则。

至道三年（997），太宗死于箭伤复发，带着无尽的悔恨与不甘离世。攻下北汉太原城大概是他人生的最高点，如果他能在那时班师回朝，也许能以完成北宋统一之功少受些后世的讽刺与讥笑，也许就不会有宋辽间的种种是非。

历史并非像演义那么简单，演义可以"奸臣化"一个潘仁美来为杨业的死负责，事实上，杨业的死有很多原因。这不是一桩凶手明确的命案，没有人有主观意图要置杨业于死地，但他们又确实合力杀了他。

太宗的只顾颜面与不顾实际，监军王侁的恣意妄为与擅离陈家谷，潘美的沉默附和与不作为，都导致了杨业的死。除了这些，宋朝的监军制度，杨业的北汉降将身份也都是害死他的间接因素。虽然王侁、潘美回京后均受到责难与贬职，但一年后很快又官复原职，也许正因为没有人真正为杨业的死负责，于是，民间演绎了许许多多情节以慰英雄。

在杨家将故事的演义中，潘美是一个被极端"奸臣化"的恶人，但实际上，潘美是北宋初年的一员名将，北宋灭南汉，潘美就是主帅，他绝非演义中那样不堪。在他身上更是有一段鲜为人知的故事。早在太祖赵匡胤立宋代周后，潘美与赵普等人随太祖第一次进入后周世宗柴荣的后宫，看见了一个嗷嗷待哺的婴儿，太祖便问这是谁的孩子，有宫女答到这是周世宗的幼子，是被废的小皇帝柴宗训的亲弟弟。太祖便问周边大臣该如何处置这个孩子，大臣们答道"去之"。唯有潘美一言不发。太祖再问潘美，潘美答："我若答留下这个孩子，您肯定认为我对您忠心不够，但我也曾为周世宗效力，实在不忍心杀死他的儿子。"太祖听后，便把这个孩子交由潘美抚养，并对他说："先帝的儿子，不能给你做儿子，就当你的侄子。"

从此之后，太祖再未提及这个孩子。这个孩子名潘惟吉，他考中了功名，在北宋做了大官，且他的后人世代姓潘。

被演义的除了潘美，还有杨家将第四代杨宗保、穆桂英以及十二寡妇西征等，这些都是民间的美好愿望罢了。穆桂英作为历史人物是否真实存在确实不好说，但穆桂英长久以来的文学艺术形象确实成为男外女内的儒家传统性别观的悖论。她与花木兰一样，被世人称为"巾帼英雄"，走出闺阁、保家卫国的性别超越反而赢得了世人的一片赞誉。在本小姐看来，这并非强调在男女有别的传统社会鼓励男女平等，传统社会只不过是在赞颂穆桂英尽忠、尽孝罢了。而保家卫国不就是为了保护节操吗？所以，男子也应该向她学习。

历史上，杨业的几个儿子都跟他一起死在了陈家谷，只有一个成功突围。这就是杨家将的第二代杨延昭。杨延昭延续了父亲的遗志，继续驻守北疆与辽军作战，直至宋辽最终达成《澶渊之盟》。

杨延昭坚决反对宋辽议和，悲愤异常，死在任上。到杨家将的第三代也就是杨文广时，就是和西夏打仗了，西夏与辽相比本来就弱，所以杨文广的功绩远不能与其父、祖相较。

"一将功成万骨枯"，武将少功预示着一个新的时代，宋辽终于摆脱了没完没了的战争，签订了《澶渊之盟》，迎来了百年和平。

悲催的二皇子

太宗虽然是太祖的孝弟，但皇位还是要传给自己儿子的。帝王之家一向是天下的表率，号称以孝治天下，但实际操作中帝王之家确实没啥亲情可言。太宗虽然早早除掉了弟弟赵廷美，但皇位到底传给哪个儿子，也是为难的。

没有哪个朝代能像宋朝一样，靠着金钱赎买和平而走向极盛。大宋真是太有钱了，不仅养着宋的子民，还养着辽和西夏的子民，凭着钱找到了自己的幸福。在这点上谁敢说钱不是个好东西！没有武力的大一统，没有万邦来朝的盛况，这样的盛世似乎看上去有些尴尬，跟汉唐明清完全不是一个路数。这是一个地理面积最小的繁盛朝代，靠着条约谈判跟周边各族和睦相处，但其富裕与文明程度却远超那些领土比自己大得多的前朝和后朝。

经过太祖和太宗两代的创业与巩固，大宋终于在真宗朝初现盛世。宋真宗是太宗第三子，他上位前并没有太多值得赞许的地方，很多时候这就是上位的理由。

　　太宗的第一位皇后姓尹，第二任皇后姓符，都是
太宗称帝前的正妻，可惜都死在了太宗继位前，也都
是太祖指的婚。太祖指婚并不是什么好事，更谈不上
兄弟情深，太祖无非是不放心他弟弟，连他弟弟的枕
头旁也得放着他的眼线。太宗第三位皇后姓李，同样
是名门贵族，同样是太祖指婚，只是下聘后，太祖驾
崩，太宗继位。太宗继位后将这门婚事无限延后。太
宗对太祖指婚的用心了如指掌，所以，他一直把这位
准皇后晾在一旁七八年之久，直到太宗完成统一，除
掉了太祖的两个儿子和弟弟之后，才正式册封了这位
李皇后。

　　当然，最终还是要册封的，毕竟太祖生前指了婚，
他自称太祖的孝弟，他的皇位来自哥哥的传承，他没
有任何理由拒绝哥哥的指婚，当然他有权力另立他人，
但立李皇后无疑可以安抚支持太祖的武将旧臣，也让
自己不太合理的继位显得正统一点。

　　再说到太宗的九位皇子。赵元佐，太宗的长子，
显然是木秀于林，被视为理所当然的皇位继承人。史
书上说赵元佐年少时非常聪敏警觉，简直就是一个少
年版的赵光义。太宗对这个儿子格外自豪，虎父无
犬子，儿子好就是父亲最大的成功。太平兴国四年
（979），太宗伐北汉和辽时，都把赵元佐带在身边增
长见识，开阔视野。军队的将领们都看在眼里，心知

肚明这就是未来的储君。

但事情起了变化，太平兴国七年（982），太宗为了巩固自己的皇位，开始整治自己的弟弟赵廷美，赵廷美被罢黜开封府尹的职务，调往洛阳。但太宗还不放心，这时又有大臣告发赵廷美心怀怨恨，结交大臣，图谋不轨，甚至准备发动兵变。

赵廷美谋逆的案件可以说是太宗定了调的，不管他是真谋逆还是假谋逆，赵廷美这皇弟的身份就是他的原罪。太宗当年就是太祖的皇弟，兄终弟及是他继位的理论依据。但是，谁都知道，他想把皇位传给自己的儿子，八成就是这个赵元佐，但唯独这赵元佐不领情，非要跳出来，为他四叔赵廷美讨要说法。

很不幸，世道就是这样，只有富贵闲人才能说真话。但凡你有一点上进心，你就不得不说些言不由衷的话，更何况是站在风口浪尖上的皇长子！可这位皇长子是一个颇有正义感也看重亲情的人，他多次进宫为四叔讨要说法。他对四叔的感情并没有感动皇帝，反而激怒了太宗。太宗最终下令禁足皇长子，没有诏令不得入宫。

雍熙元年（984），赵廷美的死讯让皇长子彻底情绪崩溃，精神出现异常。也许读了太多的圣贤书，他稚气未脱，对这宫廷里至亲之间的迫害无法接受，特别是他的父亲，明明是个杀人凶手，却满口仁义。

在太宗与皇长子的关系出现严重裂痕时,二皇子粉墨登场。二皇子赵元僖不同于皇长子,他体察父亲的用心良苦,明白父亲既要道德仁义,又要保证位传于子。他在父亲面前替大哥说话,完全没有落井下石,太宗自是觉得他亲孝友爱。二皇子称大哥的病情不稳定乃因下人照顾不周,若能派贴心之人前往照料必能好转。于是皇长子宫内的总管和侍女被全员撤换,换来的自然是二皇子赵元僖的人。

如此一来,皇长子的性情大变,疯癫加重,敏感而暴躁。他认定这是父亲派人来监视他的起居,目的就是要整治他。他脾气极大,在一次发作中射死了自己的王府管事,引发王府上下一片恐慌。太宗不得不亲自上门训诫安抚。看着这个自己曾经最看好的儿子变成这般,他心痛不止但也别无他法,无奈再次下达禁足令。

皇长子的地位真正变得无法挽回是在雍熙二年(985),当年重阳节的一次皇室宴会后,皇长子得知自己并没有被邀请后,觉得自己已经完全被父亲遗弃,于是疯癫再次发作,他把王府大门锁住,放火烧掉了整个王府。其实,太宗交代过请皇长子来参加宴会,可二皇子并未传达,并在父亲处称,大哥病情并未好到可以出席宴会。太宗并未多想,因为他与长子多有芥蒂,赵元佐极有可能借口不来。

儿子闯下了大祸，太宗颜面无光，赵元佐被废黜王爵，贬为庶民，流放均州。这时的二皇子赵元僖再次出面，率领群臣哭倒在地为赵元佐求情。太宗念在骨肉亲情的分上，将贬为庶人的皇长子留在了京城，以免再生变故。

于是这般，二皇子赵元僖在太宗心里的地位就更加牢固了。赵元僖极有心计，善用阴谋，颇有宋太宗的风范，比起他大哥，更是储君的料。他在皇长子废为庶人后被封为开封尹、侍中，进封许王，加中书令之职，成为"准皇储"。此后赵元僖担任了五年的开封尹，在行政方面没有什么过失。

但天有不测风云，前途无量、风光无限的准皇储赵元僖却在二十七岁那年突然暴亡。太宗白发人送黑发人自是悲从中来，但太宗是何等人物，他自己阴招无数，现在被他视为储君的儿子死得不明不白，必有蹊跷，他冷静后下令彻查此事。

果然是查出些蹊跷，蹊跷得有些狗血。原来赵元僖的身边有一名侍妾张氏，此人出身寒微，但深得赵元僖宠爱。不料在赵元僖担任开封尹的那一年，太宗为他指婚，选中的是名将李谦溥的女儿。照理说，这是预料之中的事情，准皇储的婚姻本就是政治联姻，根本不要指望爱情。挑选权贵之女，不仅可以提升储君的地位形象，壮大储君实力，更可以凸显储君沉稳持重。

赵元僖为了这储君之位，当然不可能拒绝父亲的指婚。只是这侍妾张氏大吵大闹，甚至在李夫人进门后，依然不知收敛。李夫人这大家闺秀远不及张氏诱惑妖媚，赵元僖冷落了李夫人四五年。可张氏仍然不满意，她一心想要赵元僖废黜李夫人。但李夫人乃皇帝指婚，哪能废得了啊？于是，她想到用毒酒毒死李夫人。

淳化三年（992）家宴时，她终于下手了。没料想，赵元僖却在这关键时刻要跟夫人调换酒杯，只因夫人酒杯里的酒多，而他的少。就这样一个前途无量的准皇储活活被自己女人的嫉妒心害死了。当然事情查实后，张氏也被处死。

张氏如此不开窍，落得这般下场也是必然，她的无知、嫉妒、刁蛮不仅毁了她的爱情，还害死了她的男人。真为她叹息，毕竟她的男人离皇位已经近在咫尺了。几乎与此同时，却有另一名女子，有着比张氏更低微的出身，行着张氏一样的路数，先是凭借色相搭上了皇子，后来又凭着她的智慧、才学与隐忍得到了上天的眷顾，一路青云直上，最终成为大宋的"武则天"。

她就是刘娥，皇三子赵元侃一生的知己与至爱。大家有可能没听说过她，但相信大家一定听说过狸猫

换太子的故事。这个故事毁了她的名声，本小姐觉得
委屈极了，不得不在后文写出她的故事，以示同情。

狸猫换太子：真真假假，假假真真

善妒与心胸狭隘常被视为女性的典型特征。但开棺验尸的那一刻，人们却看见了自己的愚蠢与偏见。

本小姐知道狸猫换太子的故事是从电视剧《包青天》开始的。这部电视剧火的时候本小姐太小，只是记得那首《新鸳鸯蝴蝶梦》里反反复复地唱着"爱情两个字好辛苦"，还有帅得不行的展昭穿着红色的官服，当然还有那只血淋淋的狸猫。

其实，狸猫换太子这个故事来自《三侠五义》。《三侠五义》是清朝的武侠小说，作者石玉昆可以说是武侠小说的开山鼻祖。小说讲的是北宋仁宗朝，包青天执掌开封府，在众位侠义之士的帮助下审奇案、平冤狱、除暴安良、行侠仗义的故事。

"三侠"指的是南侠展昭，北侠欧阳春，双生侠丁兆蕙和丁兆兰。"五义"就是闹东京的"五鼠"，钻天鼠、彻地鼠、穿山鼠、翻江鼠和锦毛鼠。其中最有名的便是年少华美的锦毛鼠白玉堂，现在的电视剧总是把展昭和白玉堂演成一对"基友"，其实在原著中，他俩的交集并不算多。最有名的一段讲的是白玉堂少年气盛，性情高傲，听闻展昭被宋仁宗封为"御猫"，便觉得"五鼠"减色，遂专程赶赴京师与展昭一较高下，有点瑜亮相争的意思。总之，"猫鼠"携手包青天，悬念迭起，情节迂曲、变幻、起伏，《三侠五义》才能不断被演绎至今。

狸猫换太子就是《三侠五义》里最有名的故事。讲的是仁宗亲政后在包青天的帮助下找到了自己生母，仁宗就是那个被狸猫调换的太子。他的父亲宋真宗当时无子，恰好后宫有两个嫔妃刘氏和李氏同时怀孕，很显然，谁生了儿子，谁就有可能被立为皇后。

刘妃久怀嫉妒之心，唯恐李妃生了儿子被立为皇后，于是与宫中总管郭槐定计，在接生婆的配合下，乘李妃分娩血晕之机，将一狸猫剥去皮毛，换走了刚出世的皇子。

皇子被好心的宫女和太监所救送往了八贤王处。而真宗看到被剥了皮的狸猫，以为李妃产下了一个妖物，于是将其贬入冷宫。

不久，刘妃生下了儿子，孩子自然被立为太子，刘妃也被册立为皇后。谁知六年后，太子病夭。真宗再无子嗣，就将八贤王之子（实为当年被换走的皇子）收为义子，并立为太子。然后就是各种曲折复杂的情节，各路侠士加上包青天一起为尚在人世的李妃翻了案，扳倒了刘太后和她的同伙，为仁宗迎回亲生母亲。

故事曲折，引人入迷，事是假的，但人是真的。《狸猫换太子》中的刘妃便是刘娥，宋真宗的皇后，大宋武则天式的人物。

★ ★ ★

讲宫斗的古装电视剧太多，《甄嬛传》无疑是成功的。甄嬛之所以成功，很大一部分原因是因为她能不断地怀孕生子，从而获得晋升。可这位刘娥，她能一步步从一个已婚的乡野女子变成宋真宗的皇后，完全不靠孩子，她确实一个孩子都没有生过！

上回说到前途无量、离皇位已经近在咫尺的二皇子赵元僖竟然因为自己的小妾争风吃醋这么点事给毒死了。二皇子可以说是人事算尽，但老天就是不同意他继位，于是给了他这么一个狗血的结局，这可以说是命里无时莫强求。于是这般，皇三子赵元侃突然成了众人关注的焦点。

皇三子赵元侃在众人眼中一直是个富贵闲人。在哥哥们风光的时候，他不敢张扬，始终夹着尾巴做人。要说他一个男人，出生在帝王之家，对皇位没有些许觊觎是不可能的。但确实，他什么也没有做，皇长子与皇三子赵元侃是同母兄弟，照理来说感情应该比异母兄弟要好很多，但在皇长子发病被贬时，皇三子始终表现得不冷不热，似闲云野鹤。

　　他的二哥，二皇子担任开封尹期间，党羽遍布。赵元侃置身事外的做法无疑是自保之举，但他的置身事外也跟一个女人有关，这个女人就是刘娥。刘娥出现的时机非常好，她初遇三皇子时，正是二皇子最风光得意之时。三皇子赵元侃一遇到刘娥，就惊为天人，整日沉迷于她的美色与温柔乡之中。当时刚刚自立王府不久的他才十五岁，享受的日子才刚刚开始，他既没有心思也没有觉悟要跟二皇子争宠夺位，刘娥在客观上给他避了祸。

　　初遇三皇子时，刘娥也是十五岁，与三皇子同岁。三皇子自立王府的第一件事就是四处搜罗民间美女。他听说四川美女众多，要求他的心腹张耆给他寻找四川美女。银匠龚美听说王府选美后，立刻向王府进献了自己的妻子——川籍美女刘娥，当时刘娥一直跟着他在京城汴梁卖艺贴补家用。龚美立刻改名刘美，成了美人的哥哥。刘娥这段婚史以及她在京城的卖艺经历，其实是纸包不住火的，这无疑成为她后来封后最大的障碍。三皇子年轻，难免沉溺美色，这消息迅速传到了他父皇宋太宗那里。太宗把这档事归结为"少年心性"，并不在意，可后来在大臣的劝说下，也确实觉得皇子并非庶人，最终决定将魅惑三皇子的刘娥赶出王府。

　　三皇子不敢公开对抗父亲，但也没有就此和美人分手。他将刘娥秘密养在了他的心腹、王府主管张耆的家里，由张耆的母亲和妻子负责照料。两人就这样秘密往来，幽会了十多年。可以说这幽居的岁月彻底改变了刘娥。

岁月确实经不起太长的等待，可刘娥却在等待中化茧成蝶。除了与三皇子的幽会，刘娥的这十多年完全用来苦读经史，谁曾想到王府总管张耆家里的那些藏书却把一介卖艺女变成了具有远见卓识的知识女性。三皇子十多年倾心于她是有道理的，不要以为她仅靠美貌，肉体其实极容易厌倦。美貌背后自有一套行为方式，而行为方式的背后则有一整套思想价值体系，这也许才能使她具有持久的吸引力。

三皇子也就是后来的宋真宗继位后，他的正牌皇后郭氏前后生下了三个儿子，无奈均早亡，郭皇后身心受到巨大的打击，在景德四年（1007）去世。郭皇后对刘娥没有好感，可刘娥在人前人后都对郭皇后十分恭敬，郭皇后在她去世前三年终于同意晋封刘娥为贵妃。但由于出身和干政的问题引发群臣反对，刘娥最终只得到四品美人的封号，她的闺蜜，另一位王府姬妾出身的杨氏，得到了五品美人的封号。

郭皇后去世后，刘娥封后的机会终于来了。可除了出身问题外，刘娥还有一个硬伤，那就是无子。可真爱无敌啊！三皇子，也就是宋真宗为了封心爱的女人做皇后，竟然借腹生子，对外宣称刘娥怀孕了，而此时刘娥已经四十多岁。在今天四十多岁生子也不是个事，可是在一千年前的宋朝，人的平均寿命也不到四十岁。代孕的宫人便是"狸猫换太子"中的李氏，后来也被封为李妃。李妃当时只是地位低下的宫女，为了寻求刘娥的帮助找回自己流落民间的弟弟才答应代孕的。刘妃并未像"狸猫换太子"故事里讲的那样迫害李妃，而是替她找回了弟弟，她也并未阻止李妃与宋真宗继续往来，李妃在几年后还与真宗育有一女。有了儿子后，刘娥又积极在前朝拉拢各方势力，最终得以在大中祥符五年（1012）封后。

刘娥在政治上有着极大的野心与能力，绝对是武则天一样的人物。但她与武则天最大的不同，则是她的德行。从未有任何记载表明她曾凭借真宗对他的宠爱迫害过其他嫔妃，相反，她的宽容大度成就了她。她对郭皇后始终恭敬有加，对李妃能够说到做到，帮她找回弟弟并晋封重用。刘娥抚养通过借腹生下的宋仁宗是宋真宗唯一长大成人的儿子，但刘娥忙于政务以及党派斗争，并没有时间真正抚养宋仁宗，仁宗交由她的闺蜜杨妃抚养。真宗离世后，刘娥便成了皇太后，她去世时，则让仁宗实际的养母杨妃继任皇太后。

和史上最著名的几位女强人吕后、武则天、慈禧放在一起比较，刘娥确实是个特例。很难说，到底是她的德行还是她的手段让她获得了真宗持久的宠爱，让她一点点摆脱了寒微的出身走向生命的极盛。

宋仁宗在刘娥去世后，得知了自己的生母是李妃而非刘娥，刘娥在世时，无人敢告诉仁宗这个事实。那时后宫便有传闻李妃是遭刘太后迫害而死，仁宗听后心生怀疑，便亲自开棺验尸，亲眼见到自己的生母被以皇后制礼葬，并且尸身保存完好。他大哭不止，恨自己听信传言，冤枉了刘太后。其实，刘太后以皇后之礼厚葬李妃是听了当时的名臣吕夷简的主意，此人在刘太后执政时期掌权。

千百年来，善妒与心胸狭隘常被视为女性的典型特征。但开棺验尸的那一刻，人们却看见了自己的愚蠢与偏见。

书中自有黄金屋：劝学皇帝

宋真宗的御制《劝学篇》可谓俗不可耐，但毫不妨碍黄金屋、颜如玉流传千古，成为一种长期而稳定的价值观。

倘若你去过长沙，必然听闻岳麓书院的大名。岳麓书院位于湘江西岸的岳麓山上，岳麓山则为南岳衡山七十二峰之一。由于城市化的不断加深，岳麓山已经成为长沙市中心的景区，与一旁的橘子洲头强强联合，成为长沙的文化招牌。

橘子洲，西望岳麓山，东临长沙城，四面环水，绵延数十里，狭处横约四十米，宽处横约一百四十米，形状是一个长岛，是湘江下游的众多冲积沙洲之一，距今已有一千六百多年的历史。橘子洲的地理位置与自然风光虽有独到的迷人之处，但恐怕并不足以支撑起它享誉全国的名声。真正让它声名鹊起则是因为毛泽东作于1925年的《沁园春·长沙》。

独立寒秋，湘江北去，橘子洲头。看万山红遍，层林尽染；漫江碧透，百舸争流。

> 鹰击长空，鱼翔浅底，万类霜天竞自由。怅
> 寥廓，问苍茫大地，谁主沉浮？
> …………

然而，岳麓书院没有"谁主沉浮"的气魄。它深藏于岳麓山之中，隐世、风雅、低调。书院始于北宋开宝九年（976），而在此之前的历朝历代，岳麓山就是道佛两家的活动场所，一些文人居士在此讲学。岳麓书院在北宋的真宗朝咸平与大中祥符年间达到鼎盛，匾额上"岳麓书院"那令人印象深刻的四个大字就是宋真宗御笔所书。匾额黑底金字，搭配白色的墙垣与酒红色梁柱，在苍劲丛林的遮掩下更显古朴。

真宗与他的父亲太宗一样，不遗余力地发展文化事业，岳麓书院的繁盛只是其中的一个缩影与写照而已。相较之下，真宗御制的《劝学篇》可以说是更为有名，这种名气已经到了无人不知，无人不晓的程度。

> 富家不用买良田，书中自有千钟粟；
> 安居不用架高堂，书中自有黄金屋；
> 娶妻莫恨无良媒，书中自有颜如玉；
> 出门莫恨无人随，书中车马多如簇；
> 男儿欲遂平生志，五经勤向窗前读。

　　显然要教化众生念书，现实的物质鼓励浅显易懂，收效也最大。《劝学篇》显得俗气不堪，少了"先天下之忧而忧，后天下之乐而乐"的儒家士大夫的济世情怀。说到读书人的志向与出路，就不得不提到科举制度。科举制虽然创始于隋朝，但真正完善与发扬光大却在宋朝。隋唐虽有科举，但出身门阀依然是出仕的重要因素，平头百姓想走入仕途依然困难重重。宋朝则不同，从宋太宗开始，宋朝的科举考试龙虎榜一直处于井喷状态，科考频开，出身限制低，录取人数暴涨，授予官职高，提拔速度惊人。许多学者认为，太宗大规模录取文人实质是为了笼络士人，他的皇位来路不正，他不得不想法堵住文人的嘴巴。不管怎样，文人的春天来了。

天有二日：澶渊之盟的耻辱

《澶渊之盟》这个史无前例的和平条约给宋辽百姓带来了百年和平，但却成了宋真宗心中过不去的坎。《澶渊之盟》无非是以条约、边界等形式承认了大宋有兄弟之国而已，但这实在与天下中心的自我认知落差太大，一时间让他接受不了。

古人讴歌和平，本小姐看来，所谓和平不过是势力均衡，谁也灭不掉谁罢了。人们将其美化，名曰："上天有好生之德。"不是上天有好生之德，而是皇帝害怕打仗。

景德元年（1004），萧太后和辽圣宗率二十万辽军大举南下，深入宋境，他们绕过了驻防的城市，很快就打到了黄河北岸的澶州（今河南濮阳），与宋军隔黄河对峙。此处顺便一提，中国有名的瓷器之都江西小镇景德镇，就是在这一年始建，由年号得名。澶州离宋都开封近在咫尺，宋廷朝野上下震惊。

真宗问宰相们："爱卿们，怎么办？怎么办？"副宰相王钦若主张逃亡金陵，幸有新任宰相寇准坚决主张抵抗，请真宗亲征，用逃跑派的人头祭旗。真宗采纳了寇准的主张，但也没杀主和派。宋朝厚待士人，从来不杀士大夫，也没有因言治罪，据说这是太祖誓碑的原因。无论是什么原因，大宋在千年之前能达到这样的文明程度足以令后人汗颜。

显而易见，真宗的决定是正确的，虽然他懦弱怯战，但好在他并不糊涂。辽军有威名，但辽军这次是孤军深入宋境，绕过了沿途驻兵的城镇。出发时的二十万大军必须沿途部署，否则，后勤跟不上，大军无法返回，后果都是致命的。所以到达黄河北岸的辽军不过几万人。而宋军可以说是主场作战，是家门口的都城保卫战，只要皇帝有勇气亲征，士兵定是拼死一搏。再说，开封城虽是无险可守，但毕竟是太祖太宗定下的都城，都城乃国之根本人心所在，大敌当前放弃都城，实乃下下策！

辽宋对阵的澶州（也称澶渊）被黄河一分为二，辽军驻扎在北边，黄河以南则相对安全，真宗虽然亲征，却一直躲在南城，不敢过河。寇准一再请求真宗渡过黄河以激励将士，真宗虽然缺乏勇气，倒也是做了此去凶多吉少的打算，他在过黄河时立了太子，以防不测。寇准力促宋真宗登上澶州北城门楼以示督战，军民看到天子督战，史书有载"诸军皆呼万岁，声闻数十里，气势百倍"。此时各地前往澶州前线的大宋军民有几十万人。

就在这样的气势中，天助大宋的一幕发生了。辽军统帅萧挞凛竟然在澶州前线被宋军的流箭射中，当场毙命。萧太后得知，立刻意识到了问题的严重性，随即派使节前往宋军处提出议和。萧太后是个明白人，辽有威名不错，但孤军深入敌境，战线过长，后勤保障困难，现在连主帅都没了，万一断了后路被宋军围住，恐怕全军覆没。

议和！而且此时是自己最害怕的辽军在向自己求和！真宗本就畏战，既然辽已经求和，那正是称了他的心意！寇准坚决反对议和。在宋的北境，杨家将的第二代抗辽名将杨延昭也是坚决反对宋辽议和，他们都认为，宋军具备天时地利人和，正是消灭辽生力军夺回燕云十六州的大好时机。但此时与真宗心心相印的主和派占了上风。

宋军派出了曹利用前去谈判，真宗有旨意，地不能割，大宋的寸寸土地皆是太祖所传，割地有愧祖宗且背负骂名千载，钱可以给，一年一百万。寇准可没皇帝大方，对曹利用说："如果超过三十万，我砍了你脑袋！"威胁果然奏效，曹利用谈妥宋每年资助辽银十万两，绢二十万匹，宋辽以兄弟相称。

宋方说：辽圣宗年幼，尊宋真宗为兄，宋辽两国成为兄弟之国。

辽方说：宋真宗尊辽承天皇太后萧燕燕为婶母。

两种说法并没有本质上的区别，但给人的感觉天差地别，在这一点上，辽已经学到了大宋的精华，可以毕业了。

* * *

澶渊之盟达成后，宋辽均放弃了双方的领土要求。也就是说，宋军不再企图从辽手中夺回中原故地燕云十六州，至少是暂时不再企图。但这又有什么关系呢？只要能不打仗，管他燕云十六州归辽还是宋？反正祖宗传给我时就没有这块地，打仗对宋辽双方皆不利，现如今和平条约已缔结，正能显示我大宋天子的好生之德。

太宗在位时两次伐辽皆打出了"救燕云百姓于水火"的旗帜，但实际上，无论是在宋辽交战时期还是《澶渊之盟》缔结之后，燕云十六州居民均未发生大规模的南迁，可见辽汉化程度之高，也可以说是辽"南北面官制"政策之成功。换句话说，燕云十六州居民是否真活在辽统治的水深火热之中尚待证实。

《澶渊之盟》是否为一个屈辱性的条约？这个争论从来没停止过。我们可以看看条约的主要内容。

一、宋辽定为兄弟之国。

二、宋辽以白沟河为界。（实际就是维持现状）

三、宋每年资助辽岁币银十万两，绢二十万匹。

四、双方在边境开设榷场，开展互市贸易。

《澶渊之盟》的屈辱性主要来自"城下之盟"一说和岁币。持反对意见者认为，虽然条约是在辽军兵临澶州城之下、开封受到威胁时签订的，但当时的情况却是大宋军事上占优势，辽军主帅暴毙。况且和议是由辽军提出，大宋在辽军提出议和之前并未有过任何求和举动，反而做出了天子亲征抗击侵略的姿态。

关于岁币那就更谈不上屈辱了。大宋虽然武力上弱，但有钱是不争的事实！宋朝商业非常发达，商业化的运作已经催生出了纸币。宋给辽的那点岁币仅为两个县的财政收入，而北宋有近两千个县。一旦开战，军费开支远远不是两个县的财政收入能够搞定的。而且，根据《澶渊之盟》的条约，宋辽在边境城市开展贸易。条约缔结后，宋朝通过边境贸易获得了巨大利益。大宋要啥有啥，说日常用品，有各种衣服、袍子、纺织品、锅碗瓢盆、中药材、盐、铁器、漆器、香料、茶叶等；说高端点的奢侈品，有各种笔墨纸砚、丝绸、胭脂水粉、瓷器、珠宝等；说文化点的，有印刷版的各种经典，如佛教典籍、诗词歌赋、名家墨宝等。

辽有啥？马和牛，马皮和牛皮，马奶和牛肉干。

所以，宋辽边境贸易开通后，宋朝商品源源不断输往辽，抢手得不得了。岁币啥的，就算是给点返利吧。

果然，武力打不过的，糖衣炮弹迅速奏效，瓦解敌人于内部。这马上民族在马上是厉害，但只要一从马上下来，再跟大宋签下个和平协定，就知道大宋的厉害了。大宋不仅可以在物质生活上迅速腐化你，也可以在精神上彻底征服你。宋初，儒佛道三教并立，哪一家的经典都能让契丹这个创建文字不久的民族心服口服。

《澶渊之盟》签订以后，宋辽和平局面长达百余年，史书有记："辽宋边境，生育蕃息，牛羊被野，戴白之人，不识干戈。"

如果说《澶渊之盟》的利弊对于大宋是有争议的，那么辽绝对是受益者。在燕云十六州并入辽版图后，于 1012 年将幽州（今北京）改名燕京析津府，由于地处辽最南端，也称南京析津府，升格为陪都。今天我们常说北京是五朝古都，说的就是辽金元明清五朝，而最开始定都在此地的便是辽。虽说是陪都，但燕云毕竟是汉人居住地，建城的规模远远大于辽其他四个草原上的都城。

由于年代久远，世代更替，特别是经过金元两朝和近现代以来的破坏，北京的许多辽朝遗存已经无法再现了。本小姐在北京时去过不少现存的辽朝遗址，要么是现代所立的纪念碑，要么就是没什么观赏性可言的旧址了。

但如果大家真有兴趣了解更多的辽朝遗址，本小姐给大家推荐北京天宁寺舍利塔。据著名建筑学家梁思成考证，天宁寺舍利塔建于辽大康九年（1083），即北宋神宗年间。

天宁寺舍利塔可以说是今天北京城最古老的建筑之一，饱经沧桑却依然是西二环最醒目的标志，它见证了辽的生与死。

造神运动

拜宋真宗的心理障碍所赐，道教的神仙们轮番登
场。他装神弄鬼十几年，无非是在变着法子告诉世人：
我为正统。

对于向来以天朝上国自居的中原王朝来说，《澶
渊之盟》是个史无前例的和平协定，在带来和平的同
时，也承认了天子们最不愿意承认的现实，那便是：
天有二日。按照古来的传统，天无二日，现在宋辽都
成兄弟了，天不仅罩着我，还罩着辽，实在太让人尴
尬了！《澶渊之盟》成了宋真宗一生的心理障碍。他
后来一切装神弄鬼的行为，无非都在证明自己的正统
性，自己是受命于天的真天子。

凡是看过《西游记》的读者，大概没有不知道玉
皇大帝和太上老君的。印象里，玉皇大帝大概是大过
太上老君的，不过在 1986 年版《西游记》电视剧中，
他俩在孙悟空大闹天宫时都显得狼狈不堪，那时少年
懵懂，看到玉皇大帝躲到桌子底下、太上老君的炼丹
炉被打翻、佛祖前来救场时，只顾着哈哈大笑，哪里
知道这一切在宗教教义里是绝对不可能发生的。

玉皇大帝和太上老君都是本土神仙，佛祖叫释迦牟尼，是外来神仙。可以这样理解他们三者，本土神仙基本都来自道教，外来神仙都来自佛教。中国古代儒释道三家并存，儒家是不论鬼神的。孔夫子就说了"未知生，焉知死"？所以鬼鬼神神的都是佛道两家弄出来的。

都说宋朝是儒学大盛和复兴的时代，儒学相当于今天的高考必修课。上得了庙堂，进不了心房，还是宋孝宗总结得恰到好处："以佛修心，以道养生，以儒治世。"也就是说，这儒释道三家，和平共处，相安无事。

太上老君和玉皇大帝其实是道教的两位神仙。道教是土生土长的中国式宗教，虽然其理论高度不可与佛教相提并论，但好在其出身好，属于本土嫡系宗教，知根知底，所以当然少不了管理层的大力提携。

对于任何朝代来说，排外都是不需要理由的，大概就跟人体对移植器官的排异一样出于本性。外来宗教若想在中国扎根，就必然面对一个中国化过程。

太上老君和玉皇大帝这两个封号其实就是宋真宗封的，可以说，道教这两位神仙是在宋真宗时期开始定型的。

这一切到底是怎么回事，请容本小姐慢慢道来。

宋真宗时，当时的副宰相王钦若重新解读了《澶渊之盟》。王钦若是个公认的奸臣，用今天的话说就是差评如潮。王钦若跟皇帝说《澶渊之盟》就是个城下之盟，辽军兵临城下时签订的合约使皇帝您和王朝的脸上无光啊！和辽开战也是寇准孤注一掷的决定，好在他赌赢了，万一输了，皇帝您早成了辽军的俘虏。王钦若说得有板有眼，似乎完全忘了在辽军兵临城下时，曾建议皇帝放弃都城，迁都金陵。悲剧的是，君子斗不过小人，小人可以不择手段，但君子"有所为，有所不为"，很快，寇准被贬黜任地方官去了。

《澶渊之盟》被王钦若说成了不平等条约，自然让宋真宗心里不是滋味。为了挽回《澶渊之盟》的"不利影响"，他想到去泰山搞祭天大典。皇帝去泰山搞祭天大典，无非就是宣扬自己受命于天，彰显正统罢了。既然《澶渊之盟》证明不了我，那么就换一种方式来证明是我带领宋朝走进了繁盛期吧。王钦若极力促成此事。

其实，《澶渊之盟》为宋辽两国带来了百年和平，宋真宗凭着这条就已经可以说是创举了，但他本人被王钦若忽悠得倒以为自己成了千古罪人一般。于是，一幕装神弄鬼的闹剧即将上演，这场造神闹剧耗尽民脂民膏，完全没有任何意义，唯一的所谓"意义"大概就是满足了皇帝的面子。

泰山祭天大典在那个时候可是天大的事情。说白了，大典就是皇帝向上天汇报自己治理国家的政绩，并且祈求上天赐福人间。但不是哪个皇帝都可以去搞泰山祭天大典的，没有突出的功德与伟业，是不好意思厚着脸皮去的。

本小姐在这里列举一下搞过泰山祭天大典的皇帝们，大家立刻就明白了什么样的功绩才能去泰山祭天。第一位是秦始皇，第二位是汉武帝，第三位是汉光武帝，第四位是唐高宗李治带着武则天，第五位是唐玄宗李隆基，宋真宗就是第六位，也是最后一位。在此总结一下，秦始皇就不用说了，其他敢于搞泰山祭天大典的皇帝都集中在汉唐两个大一统的时代。

宋真宗也挺悲催的，他也算是太祖子孙，但他在秦皇汉武面前总感觉底气不足。不过这也不怪他，宋朝整体也没法与汉唐比，宋太祖都没有办法完成汉唐式的统一与开疆拓土，更何况他一个养在深宫的太祖侄儿呢？但太祖为什么没有而他却有泰山祭天的需求呢？说到底，还不是因为他签了个和平条约嘛，这该死的《澶渊之盟》！从万邦朝贡到平起平坐，天朝虽然得了和平，但这内心的落差总得想个法子填补吧。

于是对于宋真宗来说，泰山非去不可，虽劳民伤财，但非搞不可。说到底，统治者总要想着法子证明自己伟大，至于其他暂时不在考虑之列。

泰山祭天是旷世大典，需要大量财力，若非生逢盛世，以古时薄弱的经济基础，想做成确实很难。宋真宗钱是有的，但他的问题是，没有媲美秦皇汉武的文治武功，如何搞泰山祭天大典呢？这时，马屁精王钦若又给出点子了：天降祥瑞啊！是啊，实在没有文治武功，只能搬出神道设教那一套来忽悠百姓了。神道设教是什么呢？说好听了就是教化众生，说不好听就是忽悠老百姓，假借上天的名义来欺骗百姓，让老百姓相信上天神灵是护佑皇帝的。

再说直白一点就是，别人是有功绩而搞泰山祭天大典，而我没有，没有我也想搞怎么办呢？我就忽悠百姓说，老天爷给了我指示让我去泰山祭天！于是，宋真宗还真敢说敢做：他说上天明示他，只要在皇宫设道场一个月，上天便会降下"大中祥符天书三篇"。果真如皇帝预言，天书三十天后如期降临，煞有介事地写着一堆吉言的天书着实让臣民们热捧了一阵，皇帝借此大肆炒作了一番，为泰山祭天大典造舆论气势。

整个帝国像着了魔一样，沉浸在一片"祥瑞"之中，天书反复在皇宫和泰山降临，内容无非是赞许皇帝的政绩。为了配合泰山祭天大典的宣传造势，泰山的王母池也很识时务，有一天突然变紫，寓意紫气东来……

一阵炒作造势过后，真宗带着十万人的旅行团从京城开封出发前往泰山，一路上，皇家旅行团受到了当地百姓的夹道欢迎。在泰山祭天之后，旅行团的第二站又来到了社首山祭地。百姓反响热烈，于是，旅行团再接再厉，又来到了山东曲阜，捎带手把孔子封为"至圣文宣王"。"至圣文宣王"这个孔子最常用的封号，就是宋真宗封的。

★ ★ ★

祭了天，拜了地，封了孔子，可皇帝率领的旅行团还没有玩够，又去了汾阴祭祀后土。祭祀完后土，又决定要祭祀老子。可以说，这个时候，皇帝率领的旅行团已经走火入魔了。

本小姐这里简单介绍一下，老子其实是道家学说的创始人，留有《道德经》，其精华是朴素的辩证法，主张无为而治，其学说对中国哲学有巨大影响。

道家学说形成于春秋时期，并且不断发展，而道教形成于东汉。洋气一点用英文来区别两者，道家学说为 Philosophical Taoism，道教则为 Religious Taoism。

由于篇幅问题，本小姐无法在这里详谈道家学说与道教的不同，只能简单概括，道家学说是一种哲学流派，是一种思想，道家学说本不涉及鬼神，反而有着无神论倾向。"崇尚自然""道法自然""无所不容""自然无为"是其精华，而这种道家理念常常被用在治国理政上。史学天才林嘉文在他的第一本著作

《当道家统治中国》中就写到了中国唯一一个道家统治下的盛世"文景之治"，其内容完全是道家"自然无为"思想在汉初社会各方面的实践。

"自然无为"看似很难理解，但其实"自然无为"非常类似现代概念的"自由资本主义"与"市场导向"，所以相对儒家的君君臣臣、父父子子，道家学说往往显得更为自由开明。

再回到宋真宗，就是在这次祭祀老子的过程中，宋真宗正式确认了道家始祖老子在天上的称号"太上老君"，这还没完，真宗捎带手把道教的另一位神仙"玉皇"正式命名为"玉皇大帝"。

我们完全可以这样理解，"玉皇大帝"在人间没有对照人物，而"太上老君"有，就是老子，按照宋真宗的册封，太上老君的地位应该是高于玉皇大帝的，这跟《西游记》中的情形大有不同。

除了太上老君和玉皇大帝，宋真宗还给自己封了个祖宗。据真宗对大臣们所言，他晚上睡觉的时候，仙乐响起，异香飘来，一位神仙降临要他准备道场迎接赵氏祖先——赵玄朗，这位赵玄朗，据说是玉皇大帝身旁的工作人员，曾三次降临凡间。真宗将赵玄朗封为宋圣祖。这种做法类似于李唐皇室追认老子李耳为自己的祖宗一样，无非是抬高自己的出身。读者们可以这样理解，大宋皇室赵家的祖先是玉皇大帝身边的一位工作人员。

后世对于宋真宗的批评还集中于他大兴土木劳民伤财。大兴土木指的就是他在京城所建造的玉清昭应宫，他册封了那么多神仙，各位神仙都得有个住处啊，所以这玉清昭应宫美轮美奂，奢华无比，用来供奉上述各路神仙。史书记载，连始皇帝的阿房宫也不能和它相提并论。

当时的宰相王旦奉公正直，人品贵重。宋真宗为了让宰相支持，至少不公开反对泰山祭天旅游，竟然使出了行贿宰相的招数，在酒宴时用酒坛装满珍珠赐予他。宋真宗的做法虽然可笑，但从另一侧面也可以看出，皇帝并非可以为所欲为，也在一定程度上有所顾忌。王旦临终时对他的儿子说："我没有别的过错，只有不劝谏皇帝装神弄鬼一事，这个罪过无法赎清。我死以后，应剃去头发穿上僧衣入殓。"

可见，这个世上并非没有清醒的人，只是由于各种各样的原因，他们不说话而已。同时应该看到，他们虽然内心的良知受到煎熬，但仍然保持沉默。

最讽刺的是，玉清昭应宫于大中祥符七年（1014）建成，于宋仁宗天圣七年（1029）因雷击而焚毁，存世仅十四年零八个月。

群臣反对重建，这也算是一种拨乱反正吧。

★ ★ ★

丧心病狂的造神运动终于在大中祥符九年（1016）落下帷幕，原因并非宋真宗幡然醒悟，而是因为发生在当年的那场触目惊心的蝗灾。当时人们正沉浸于装神弄鬼的人造祥瑞气氛之中，宋真宗自然寄希望于神仙来消灭蝗虫。

大臣们也给力得很，纷纷表示：蝗虫都害怕皇帝的神威，纷纷自杀了，遍地都是蝗虫尸体；有的说，无数蝗虫改变了口味，天天只喝水，从来不吃庄稼。整件事可笑又可悲，可笑的是这马屁奇葩，可悲的是这种事在历朝历代反复出现，我们已经见怪不怪了。

宋真宗看来是真的相信了这些奏折，他甚至要举行大典来感谢上天的护佑。万幸的是，在大典前，深宫里的他亲眼见到了蝗灾的威力，祈福大典继而取消，大规模人工灭蝗才开始执行。据史书记载，宋真宗正在吃午饭，天空突然黑了下来，真宗立刻走到宫门口查看，抬头一看，蝗虫遮天蔽日地从皇宫上空飞过，皇宫里所有的绿色植物均未能幸免。

可怜的皇帝，也不知是蝗虫事件让他彻底清醒还是彻底自暴自弃，反正这一天可谓宋真宗生命的转折点。蝗虫过后，皇帝一人呆坐在庭院里，久久不说话。他仿佛受到了巨大的刺激，从那天起，皇帝开始生病，生理上、心理上开始迅速衰老。他一会儿清醒一会儿糊涂。他的症状用现代医学来分析就是强迫性精神分裂症，属于狂躁型，发病起初并不明显，这是赵家的遗传病，太祖、太宗两脉皆有此病，赵宋后来的皇帝几乎无一幸免。

宋真宗装神弄鬼十多年，但后世对他并不是一边倒的差评。主要的原因就是此人仁慈宽厚，绝非昏庸残暴之辈。他在咸平年间的表现确实可圈可点，《澶渊之盟》不管怎么说都是大宋百年繁荣的基石，后来他开始伪造天书、搞泰山旅游团、广建庙宇，虽然附庸的人多，但也不乏一些实在看不下去的异见人士，最难得的是，从未有任何记录表明宋真宗曾经迫害过任何异见人士。

这种性格上的仁慈与宽厚和赵家基因里的遗传病一样，贯穿大宋始终，造就了一幕滑稽剧中特有的温情片段。

文人的黄金时代

宋仁宗百事不会只会做官家，他的时代星光熠熠，他是个配角。

这狸猫换来的太子宋仁宗是宋真宗唯一活到成年的儿子。他的生母李妃当年只是一个地位低下的宫女，为了找回她流落民间的弟弟，答应为刘娥代孕。据史书记载她与真宗的相遇完全是刘娥一手安排的，可以说连排卵期都是算好了的。

正史上记载这位李妃庄重寡言，可见正史是多么无趣。可另一部宋人笔记则有趣多了：一日，真宗在刘娥宫中，一位宫女出来侍奉真宗洗手，她在端上水盆时有意让他看到了她洁白如玉的手臂。真宗喜欢皮肤洁白、清纯可爱的女孩，这种一般性的品位很常见。但喜欢归喜欢，他是否愿意或是否有兴趣发展更深入的关系就不一定了。

于是，接下来的交谈羞涩但切入主题，自带挑逗意味。这位宫女低声对真宗说，昨晚她梦到有仙人送子给她。这大概是最赤裸裸地勾引男性的技巧了。当时真宗无子是一个令王朝尴尬的事实，她怎么会不知道他求子心切？如果她真如史书上说的那样庄重少言，想必身后必有高人指点。反正，她短短几句话激发了真宗的男子气概，笔记上有写，他说："朕让你美梦成真。"

于是美梦成真，有了宋仁宗。仁宗也不愧是"仙人送下凡"的儿子，他在位四十多年，是北宋在位时间最长的皇帝，坐享北宋的繁华盛世。我们今天耳熟能详的所有北宋名人，无论是文官武将、文豪诗人还是大发明家、科学家、思想家，80% 出自宋仁宗的时代。这些人的名气远超宋仁宗，让仁宗彻底成为这个黄金时代的配角。

在仁宗之前，有秦皇汉武，有唐宗宋祖，前人功德无量，但从未有人配称"仁"。他之后，有夏仁宗、元仁宗、明仁宗、清仁宗，但他们名不副实。

宋仁宗的谥号"仁"便是后世对他无上的肯定，因为"为人君，止于仁"。

当然也有人说他懦弱无能，遇大事无主意。政事无论大小，都交给朝臣公议，议出一个结果来再施行。所以时人说仁宗"百事不会，只会做官家"。讥讽中带着钦佩，钦佩中带着讥讽。

仁宗时代，臣强君弱。官家无论想做什么都阻力重重。仁宗的母亲刘太后是何等的女强人，那是宋朝武则天。刘太后为了教育这个儿子也是煞费苦心，她找了一帮专家，编了一本《三朝宝训》，也就是太祖、太宗、真宗三朝皇帝的嘉言善行，专门让人教育宋仁宗，这门课要在皇帝经筵上讲的，容不得仁宗不听这些祖宗家法。如今这《三朝宝训》已经散佚，只得200多条，散见于其他书籍之中，其中颇有意思的一条说的是宋真宗一日见到一只羊在路边徘徊，便问手下为何，手下说是因为御厨杀了它的羊羔。真宗听后非常难过，便下令今后宫中不准宰杀羊。可实际上，宋朝宫廷，羊肉是一种最为常见的食物。正所谓，羊照吃，书照读！

按经验来看，但凡母亲过于强势，儿子必定唯唯诺诺。果然，刘太后一去世，官家就开始挣脱太后执政时代的种种束缚，坚定地走上了叛逆的道路，以证明自己。

官家第一个目标就是郭皇后，郭皇后是太后一手安排在他身边的，官家不喜欢她，一直冷落她。官家年少时曾经看上过一个富商家的女儿，据说此女美艳绝伦。刘太后以"过于艳丽不利少主"为由，把此女嫁给了自己的侄子。官家敢怒不敢言，于是把所有的怨气都撒在了太后给他选的郭皇后身上。很快，歌舞伎出身的张贵妃成了官家的新宠。

一日，张贵妃对备受冷落的皇后不敬，俩人竟然厮打起来，官家急忙劝架，可谁料慌乱中，郭皇后一巴掌打到了官家的脸上。这下官家终于有了废后的理由，他赶紧让宰相来验伤，又在朝堂上公开宣布，皇后对神灵十分虔诚，愿意终身伴佛。这种变相的废后举动引发大臣们的联名抗议，官家是官家，可朝廷有礼仪制度，无大过错，废后是不合礼法的。可官家执意任性一回，把联名抗议的大臣赶到外地去做官。

见废后成功，官家着手要将他宠爱的张贵妃封为皇后。这一举动再次引发群臣反对，无奈之下改立开国大将曹彬的后代为皇后。曹皇后出身显赫，较张贵妃更得体。张贵妃见封后无望，改求官家给她的大伯封个一官半职，张贵妃出身不好，一人在宫中，若宫外有娘家的势力，对她也是一种保护。可不幸的是，她的大伯无才且爱拉关系，再次引发群臣反对。其实，张贵妃为她伯父所求只是一个虚职，荣誉性的职位，但据记载，包拯，也就是民间文学中的包青天，他不依不饶，在官家面前滔滔不绝，唾沫喷了官家一脸，此事只能作罢。

许多的快意事做不得。正是这样，窝囊而平庸的官家用仁厚的性情成全了大宋"井喷式"的文化名人。他们的名气之大，简直压得官家抬不起头。这无疑是个文人的黄金时代，是个天子与士大夫共治天下的时代，但"共治天下"并非"共有天下"，也不是宋粉们所说的"宋代君主立宪",切切不可将专制时代的政治生态过分抬高。

狄青：天庭派来的武曲星

有宋一代，偃武修文，狄青生不逢时。后世常说，北宋有相无将，南宋有将无相。狄青颇为尴尬，他就是这个无将时代的一名武将。

朝廷厚待文人士大夫，以文治武，在成就文化巅峰的同时，也造就了压制与轻贱武将的社会风气。有宋一代，武将难以出头，狄青可以说是唯一一位出任枢密使的武将。连南宋大名鼎鼎的岳飞也只做到了枢密副使。

宋朝有制度，枢密使这个职位只能由文官出任，可见宋朝在制度上防范武将。不仅如此，大军出征时，大军统帅用文官做一把手，武将只能做二把手，还要另外配上太监做监军，且监军权力极大，少有统帅敢得罪监军。之前本小姐讲过杨家将的杨老令公其实就是被这种制度害死的。可见做宋朝的武将是一件极其郁闷的事情，兵家有常识，将在外君令有所不受。可北宋前期的皇帝在将军出征前，一定要颁布阵图，将军只能照着千里之外的皇帝的阵图去打仗，改变阵图就是抗旨，赢了无功，输了是死罪。由此我们可以想见宋军的战斗力。

太祖自己是个地道的武将，出身五代十国的军官世家，那是个武将造反有理的时代。他一心改变这种局面，以图大宋长存。也许他自己武将出身，太知道武将掌握军权的危险局面，在他眼里，一百个文官贪污也没有一个武官造反严重，所以抬高文官地位压制武官，也许是认为文官成不了大气候。

狄青就是在这样一种社会氛围中一步步从最底层的士兵爬上了枢密使，并成了战神一级的人物。难怪《水浒传》说他是武曲星下凡，跟他一起下凡的还有文曲星包拯"包青天"。可包拯名不副实，他在诗文上的建树远不及与他同时代的大文豪欧阳修、范仲淹、苏东坡。《水浒传》中文曲星和武曲星俩人下凡是为了保护赤脚大仙的，天庭派这位赤脚大仙下凡化身宋仁宗，原因是真宗无子。赤脚大仙在天庭本是一介散仙，级别不高，无作为还稀里糊涂，但他天生和善，笑脸迎人。他投胎下凡后一直大哭不止，原因竟然是忘记捎下来天庭给他派的文曲星包拯和武曲星狄青护他一世安稳。

于是这般，赤脚大仙化身的官家稳坐太平盛世四十二载。

不得不说，小说看上去荒诞无稽但说的是实话，史书规范严整有时却像在扯淡。

虽说宋朝武将地位低下，但狄青的起点之低还是令人震惊。他早先并非一个宋军普通士兵，而是出身贼配军，也就是罪犯出身，被发配去当兵。据说他年少时曾替伤人的哥哥顶过罪。宋朝的罪犯是要在脸上刺字的，狄青的脸上就有罪犯的刺字。当他后来成为帝国的枢密使时，官家曾想给他用药水洗去脸上的刺字，但被他拒绝，他的理由是要以脸上的刺字激励将士，以身体力行告知天下，哪怕出身再低贱，也是可以凭着自身的英勇善战晋升军队统帅的。

据说官家深受感动，世上真有这种人，可以把耻辱活成荣耀。这就从一个侧面反映了当时政治清明，人才未被层层官吏埋没。但可惜的是，有宋一代，也只有他狄青一人从贼配军做到了枢密使，他也许激励了一些人，但防范武人的制度摆在那里，此后再无狄青第二。

狄青的脱颖而出始自宋夏战争。党项人建立的西夏政权从西夏太祖李继迁时开始叛宋，在第二代李德明时期向宋称臣并获取岁币以获取发展时间，在第三代李元昊时期正式脱宋自立。宋仁宗时期，狄青长期在西北边境与西夏作战，据说他的作风十分类似魏晋南北朝时期的兰陵王，打仗时披头散发，面戴狰狞的青铜面具，永远冲在队伍的最前面杀入西夏军队。据记载，狄青所向披靡，西夏的军队纷纷躲避，他曾经因战功连升九级，直至高级军官。宋军由于制度问题战斗力堪忧，已经很久没有这样振奋人心的胜利了，于是狄青一时间成了军队的战神。

当时宋军在西北的最高长官是范仲淹和韩琦，他俩都是文化大咖，论带兵打仗，肯定是无法与大将军狄青相比，但他们是狄青的上司。好在才子惜英雄，他们向朝廷上报狄青的战功，才使得这样一位军事天才没有因为低微的出身以及木秀于林而被埋没。

由于西夏和宋经济实力悬殊，在两军进入胶着战后，西夏的国力已无法再支撑持久的战争，于是于庆历四年（1044）在辽的调停下议和，史称庆历和议。西夏名义上向宋称臣，但获得了岁币。庆历和议后，辽宋西夏三权鼎立的局面已经形成，西夏相对较弱，向南北均称臣。

虽然狄青在之后的岁月里饱受文官集团的排挤与猜忌，但他最好的年华和才华得以报国。

★ ★ ★

除了宋和西夏战争外，真正让狄大将军的声名达到顶点的是平定侬智高的叛乱。侬智高是广西壮族四大部落的首领之一。说起来也奇怪，此人的家族与交趾国（今越南北部）有仇，却没有进攻交趾，反而转过身打大宋，有一说是他曾经多次写信希望归顺大宋，却未得到任何回复，因爱生恨。

依智高放着世仇不去报，反而去进攻邕州（今广西南宁）。邕州是西南重镇，而且那里的地方官腐败极了，简直不堪一击。只要拿下邕州再一路向东就能到达广州城，广州城在当时的地位不如今日，但依旧是广南东路的第一大重镇，若拿下广州城，再掐断韶州，依靠南岭的天然保护，两广岭南既成一国。

幻想着一片光明的前景，1052年，依智高在自己的部落里放了一把"天火"，发动全族人与他一起进攻邕州。果然，邕州根本不经打，竟然很快被这一帮乌合之众攻下。同年，广西梧州沦陷，依智高由此向东踏入广南东路地界。很快，端州（今广东肇庆）失陷。当这伙来自广西的乌合之众最终到达广州城下并将城池团团围住的时候，朝廷才真正意识到了问题的严重性。也许这不是一帮乌合之众，而是训练有素的反政府武装集团！

狄青就在此时被火速派往岭南镇压依氏叛乱，最终两军在昆仑关下相遇，宋军的骑兵占了向下俯冲的优势，依军退一步，步步退，慌乱中退回了邕州。当夜宋军就拿下了邕州，宋军没费什么工夫，因为此时依智高的意志已经被打垮，据说他举家自焚。但也有另外一说，宋军不断以金钱笼络依智高的部下，依氏军队败于内部瓦解。

反正此后，再也没了侬智高的下落。据说他死在了云南大理，也有说，邕州城被攻破时，有人身穿黄袍自焚。

岭南与四川一样，在冷兵器时代都是极其容易形成割据的地方，当然也是官家最不放心的地方之一。自古进川只有一条陆路，就是走剑门关（今四川广元），那个传说中一夫当关、万夫莫开的地方。另外一条水路就是走长江三峡，不管哪条路都非常困难。而两广地区，宋时被称为广南西路（今广西）与广南东路（今广东），有南岭作为天然屏障，只有韶州（今广东韶关）一条路与大宋联通。所以当席卷岭南地区的侬智高叛乱在狄青将军到达后的短短十几天内被平定，狄青迅速成为全民偶像。

但偶像归偶像，社会风气与价值观念并不容易改变。宋朝以文治武，科举及第步入仕途才是大丈夫，才是世人眼中名副其实的"高富帅"。而像狄青这样驰骋沙场、踏破敌军、以身报国的武官并不是可复制的成功典范，或者说，狄青所走的道路并不是一条正道。狄青当然清楚这一点，但他更清楚自己的价值，大宋需要军人，需要军人用血肉来抵挡草原民族南下的马蹄，仁义礼智信没用。这大概可以解释为什么他与文官集团相处时总是显得不卑不亢。

当官家执意要任命狄青做枢密使时，遭到了文官集团的强烈反对。原因很简单，宋朝有制度，枢密使应由文官担任，职业军人只能做二把手。那个时代几乎所有的文化名人都曾反对过狄青，包拯、司马光，但最为强烈的当属文彦博和欧阳修。据记载，当官家为此事咨询文彦博时，文彦博说了句大不敬的话："太祖不是周世宗的忠臣吗？"这是赤裸裸地讽刺皇帝的祖宗，这种言论在清朝不知道要死多少回了，但官家没有怪罪他，一方面可以看出当时的文人是可以说自己想说的，生命是有保障的，是有尊严与地位的，是有风骨的，不是你官大我一级，我就只能顺着你，琢磨你的心意拍马屁。另一方面，官家其实是默认了他的说法。

欧阳修弹劾狄青的奏折颇有君子之风，他肯定了狄青的一切，忠诚、品行、才干、功勋，一步一个脚印的从军经历让人无可挑剔。但欧阳修对官家说，若官家开了风气之先，让狄青做了枢密使，一旦哪天他黄袍加身，您反而害了他。这与文彦博的意思其实完全一样，无非是防范武官造反，两位大人在反对狄青的问题上很明白地表达了人心不可知、更不可试探的道理，只要诱惑大，一切皆有可能。

但并非所有反对狄青的人都有这种君子之风，在狄青担任枢密使四年期间，他不断受到各种各样的攻击。有一年汴京发大水，狄青一家躲避在大相国寺，有人告发他夜着黄袍；有一年，狄青家夜现怪光；有一年，狄青家的狗长出了麟角……总之，各种关于他危及朝廷的谣言层出不穷。

终于狄青忍无可忍，当面质问宰相，他究竟做错了什么让他们如此百般挑刺。当时威望颇高的文彦博只是说了句："无他，朝廷疑你。"

这种怀疑武将的观念在有宋一代，可谓根深蒂固。仁宗在巨大的压力下，将狄青贬出京城到陈州去做地方官。史书记载，狄青漠然而去，最终病死于陈州，伴随他的只有悲伤与绝望。在公认政治最为开明的仁宗朝，狄青这种功臣都能遭遇如此不公正的对待，我们也就不难想见日后岳飞的悲剧。

功臣往往是一个王朝的精英，是一个王朝最优秀的人。我们不难发现历朝历代迫害精英屡见不鲜，比比皆是，越是功高盖主，越容易死得惨……

宁鸣而死不默然生：庆历新政

范仲淹的庆历新政还真是没什么名气，不仅无法与"先天下之忧而忧，后天下之乐而乐"相比，亦无法与二十多年后的王安石变法相提并论，但宋朝党争的苗头最早便见于庆历新政。

论名气，庆历新政远不及晚它二十来年的王安石变法，但庆历新政的主导者却有比王安石更大的名气。他幼年丧父，母亲带着两岁的他改嫁到朱家。他也由此改名朱说，跟着继父朱文翰生活。幸运的是碰上了好时代，由于朝廷大力推行文化教育事业，在全国各地设有许多免费的学校，他离家在学校寄宿苦读，其间基本领悟了六经要旨。史书记载，他成年后知道了自己的身世，受到了极大的刺激，这大概也是他离家出走的原因。

于是这般，他在诗书的陪伴下渐渐形成了一种济世救民的士大夫品格。"不为良相则为良医"就是他年少时的志向。在庆历新政失败后，他写到"心旷神怡，宠辱皆忘""不以物喜，不以己悲"，最后的"先天下之忧而忧，后天下之乐而乐"更是将儒家思想中的仁爱观一语道破。《岳阳楼记》正是因为"先天下之忧而忧，后天下之乐而乐"而在文学史上拥有了超凡地位。而他的作者范仲淹正是庆历新政的主导者。新政失败后的他虽然身处低谷，但《岳阳楼记》足以表达他的宏大抱负与高风亮节，以及那个时代儒家士大夫忧国忧民的情怀。

那么由范仲淹主导的庆历新政到底是因何而起的呢？

话说回宋仁宗，仁宗在位四十余年，是宋朝在位最久的皇帝。他在位期间，社会上的"三冗"——冗兵、冗官、冗费——成为很大问题。冗兵，说白了就是养兵太多，有一说，宋朝需要养兵，是因为宋都开封地处平原，无险可守，只得以人为险。到仁宗朝，已是开国第四代，前几代的兵越积越多，但兵多战斗力就强吗？当然不是，因为这些兵都老了，当时当兵是没有退役这一说的。那军队怎么保持战斗力呢？只能不断招新兵。所以说宋朝的养兵制度已经成了一种社会福利制度。

而冗官的情形更为搞笑，由宋太宗开始，科举开始疯狂扩招，中举做官天经地义，太宗时期还曾经出现过史上未有的全榜皆中！如此这般，官员越积越多。当时官员和兵一样，是没有明确的退休年纪的。电视剧中我们常常听到"告老还乡"一词，没错，但何为老是没有标准的。

此外，官员的数量还会随着科举考试不断增加。科举每三年一考是一般状况，明清时期大抵也确实如此。宋朝大部分时间也是三年一次，但是，1066 年之前是每年一次！也就是说宋英宗时期，才确立了后世的三年一次。

所以，仁宗时，年年有人中举，对中举的人朝廷需要给予官位，但是已经没有那么多事情可以做了。这就是官位远多于职。这怎么办呢？本来一个官对应一个职，但现在三个官对应一个职，怎么办呢？

所以，宋朝官职有一个突出的特点，那便是"官、职、差遣分离"，也就是居其官，不事其职，而是被委派其他差遣。说白了，那便是许多人有官位、有工资，却没有职位可做的，而被委派其他差遣。当然有差遣十分重要，因为如果你想升官，最重要的事情就是要求表现，而如果想有所表现，那么就必须有差遣可做。

朝廷为什么要维持官位远多于职位的状况呢？

答案是维稳。通常来讲，读书人是斯文的，没有什么大问题的。可前朝先例黄巢也是读书人啊，考科举不成而投身了革命事业。虽说秀才造反三年不成，但秀才造反会带来巨大的影响。宋朝对读书人，科举扩招，他们有官位，有工资，有没有职做不要紧，只要不想着造反就好了。造反是十恶不赦的大罪，当你既有官位也有工资的时候便不大会铤而走险了。

所以，宋朝兵多官多本质上都是防止叛乱。因为没有事情做的人，对政权的影响一般是最大的。那些无所事事的人集中在一起便成了流寇，而流寇成为流寇之前就是流民，流民之前便是游民。这些人游着游着就四处流荡、积聚，再加上抢劫食物就成了流寇，千万不要小看了流寇。

冗费呢，也就是花钱太多，主要是花在了宫殿上。因为仁宗立志一定要生出一个太子。所以妃嫔越来越多，金屋越来越多，"配套设施"也不能少，例如侍婢、太监、胭脂水粉、生活费等。当然求子事业还不能少了向上天祈祷，道法事业当然需要弘扬，所以皇宫还养着大把道士。这也是为什么宋人笔记这么多的原因，这些道士出入宫禁自然比外人多了许多内幕消息。

这样的冗况，自是有人看不下去的。税越来越多，养这么多不干活的官！有人不高兴了，不满意了，自然就有人要发声改革了。什么人会发出改革的呼声呢？当然是那些为了宋朝好的人。

什么样的人会为宋朝好呢？当然是宋朝人才会为宋朝好。那么，宋朝人什么时候开始觉得自己是宋朝人？这就是一个身份认同问题了。一般什么样的人对自己的国家认同感最为强烈呢？本小姐以为，那些在宋朝建立之后出生，在宋朝成长、受教育、中举、做官的人，是认同感最强的宋朝人。宋仁宗1022年继位，朝上的文武百官基本已经都是宋朝建立之后出生的了，这个时期应该是主人翁精神与身份认同感达到最强的时期，所以对自己国家的"三冗"状况，改革的诉求日益强烈。

★ ★ ★

范仲淹之所以有机会拜相实施庆历新政，还有一个偶然原因，便是当朝宰相吕夷简的告老还乡。1043年，范仲淹接任吕夷简拜相，上《十事疏》从而开始了庆历新政。吕夷简可谓典型的旧势力的代表，他的祖先是五代时期的中级官僚，入宋后，逐渐爬上了宰相的高位，他的从政路便是一条恩荫之路。

在宋朝除了科举进入仕途外，恩荫是另一条路。恩荫制度其实是前朝遗留下来的门阀政治的变相。简单来说，祖辈和父辈的地位使得子孙后辈在入学入仕方面享受特殊的待遇，而通过恩荫制度获得官职的人，往往碌碌无为，坐食禄米。

在宋仁宗之前，一个大族可以恩荫许多人，占据许多官位，这些通过恩荫入仕的人甚至可以进入翰林院，翰林院可是储备宰相的地方。恩荫相较科举，另一好处便是，无论是否拥有真才实学，只要是世家大族，都可以恩荫十八岁的成年子弟，这样子弟进入仕途起步较早。较之科举，通常二十五岁中举都算十分幸运了，而这样的起步年龄已经比恩荫的晚了七八年。

就在这样的背景下，以范仲淹为代表的一批科举出身的士大夫要求改革现状，庆历新政的一项措施就是专门针对恩荫制度的。范仲淹严格限制了恩荫的人数与范围，规定了恩荫之人不能进入翰林院。可以想象，有多少人的入仕之途被挡住，就会有多少针对改革派的攻击。

范仲淹当然不可能一个人成就庆历新政，当时有一批与范仲淹身份相似的士大夫与范仲淹站在一起，用政治术语来说，他们是结成一"党"的。例如富弼、欧阳修、余靖、蔡襄、石介等，这些人绝大部分是科举出身、绝大部分是南人，当时所谓的南人可以这样理解：北宋是继承五代十国后周的领土，在后周之后划归宋版图的地区的人被称为南人，最典型的例如吴越（范仲淹）、南唐（欧阳修）。可见到了仁宗时代，也就是宋朝建立后六十多年的时候，这些地方已经完全整合了精神分歧，宋朝的身份认同已经完全落实。实际上，早在真宗朝，就已经有南人（王钦若，江宁府人，今南京人）到了宰相的位置上。

这一党派支持范仲淹拜相的方式方法其实非常简单粗暴。宋朝有一种官，权力特殊，那便是谏官，谏官可以说掌控的就是当时的社会舆论。他们的权力在今天看来太可怕了，他们可以"风闻奏事"。听到什么就可以公开了，不用求证，不用狗仔，不用航拍。当时的范仲淹在西北守西夏有功，这些舆论官大造声势，在相位空缺时，将范仲淹抬了出来。当时守西夏有功的，其实还有另一名臣韩琦，他没上位实际上是支持他的谏官不够给力，而且韩琦是黄河流域一带中原人，不算南人。

于是这般，庆历新政轰轰烈烈开始了，只可惜新政虎头蛇尾只持续了九个月便流产，十项改革措施未能全部实施。《十事疏》中改革的重心是整顿吏治。针对仁宗朝日益严重的冗官局面，范仲淹除了限制恩荫之外，还严格考核官吏，按政绩不按年限提拔，控制科举录取人数，改革科举考试内容，把原来进士科只注重诗赋改为重策论。总之他要裁汰不称职的官员，精简机构。而当时北宋承平日久，官僚阶层已经暮气深沉，真要实行上述改革，丢官的肯定不在少数。

比庆历新政晚二十来年的王安石变法正是吸取了庆历新政的教训，改革时不再触碰"整顿吏治"这一条，而是将改革的重心放在了经济层面。

这时有人给范仲淹戴上了"朋党"这个帽子。"朋党"可以说是官家心中的忌讳。范仲淹对官家说，志同道合的人一起为国家奋斗不好吗？ 欧阳修此时也抛出了著名的《朋党论》，提出了"君子之党"和"小人之党"。但官家可没他们这觉悟，小人党里有君子这不怕，怕的是君子党里有小人啊！《朋党论》一出，改革派很快便失去了官家的支持，庆历新政的主要人物纷纷罢官外任，新政宣告失败。

翻下史书就知道，改革在任何时候都是最难的事情，古代社会基本上没有什么改革是成功的。商鞅变法或许可以称为成功，但商鞅本人却被反对势力五马分尸，可见他的变法确实引发了大面积仇恨。道理其实很简单，改革，虽是为了国家之发展，但必然会触动既得利益集团之利益，一定会招致强烈的反对。他人利益丝毫碰不得，有几人不是"道义放两旁，利字摆中间"呢？

一旦反对势力过大引发政局混乱，原本支持改革变法的皇帝自然信念动摇，不再支持变法，例如宋仁宗对范仲淹。宋朝相对温和，变法者的最终结局都是贬官离京外任而已。

在宋朝，新政失败后，范仲淹还可以做个地方官，游个岳阳楼，饮个酒，写个"先天下之忧而忧，后天下之乐而乐"。这要是赶上其他朝代，参照商鞅，请务必抱有粉身碎骨之决心。

此外，透过庆历新政可以看出，宋朝"党争"的苗头已经发芽了。虽然一党上、一党下的局势还并不明显，但新政确实出自"一党"。其实困扰有宋一代的党争，到王安石对阵司马光时还不明显，他们两巨头过世以后，党争愈演愈烈，两派轮番执政的局面才真正开始。

也有人说，这像极了美国民主党和共和党的轮流执政，于是宋粉们的宋朝"现代化"理由又多了一条：宋朝政治体制已经初具现代西方国家的政党色彩。

范氏义庄：九百年的宗族慈善传奇

范氏义庄从北宋仁宗皇祐二年（1050）一直存在到清朝末年，存世近九百年，说其是中国式的宗族慈善传奇毫不为过。

不像"先天下之忧而忧，后天下之乐而乐"名震古今，范仲淹所建的范氏义庄少有人知，本小姐始终认为范氏义庄为传奇式的存在。

范氏义庄其实是一个民间家族式慈善组织，是范仲淹于皇祐二年被贬后，在其原籍苏州吴县捐助田地设立的。北宋官员待遇优厚，范仲淹身居高位多年且十分节俭，在他生命的最后几年，他倾其所有在家乡苏州购置了良田千亩。他给义庄订立章程，委派专人管理运营，而义庄之收入用于族人的救济保障与教育。他去世之后，他的二儿子宰相范纯仁、三儿子尚书右丞范纯礼又续增规范，使义庄维持了下去。义庄在建立之初可以说就已经具备了现代"基金会"概念的全部特征。

存世近九百年的范氏义庄一直保持着较大的规模且运营良好，到清朝末年依然存有田地5300亩，称它为中国宗族式慈善的传奇毫不为过。

佛教，作为传入中国之宗教，种善可得福报的"福田思想"是其基础。恶有恶报、善有善报的佛教因缘业报说已经渗透到社会伦理生活中，唤醒了众多人的道德自觉与自律。从某种意义上说，因缘业报说在规范着人们的善恶行为方面更具威慑力，并充实了中国民间社会的伦理观念。诸如"救人一命，胜造七级浮屠""放下屠刀，立地成佛"等劝善嘉言，妇孺俱晓，童叟皆知。缘于对来世受苦受难的恐惧，人们注重对自身的修养，广结善缘，尽量积善积德，使民间慈善活动和社会公益事业持续不衰。

佛法这种不舍世间、不舍众生的利他精神也同样在《法华经》中得到揭示："大慈大悲，常无懈怠，恒求善事，利益一切。"

对于信众来说，必须胸怀慈悲，以慈爱之心给予人幸福，以怜悯之心拔除人的痛苦。佛门还进一步讲"大慈大悲"，把慈悲扩大到无限，扩大到众生。《大宝积经》里说的"慈爱众生如己身"，感其困苦，如同身受，由此形成了"众生度尽方成正觉，地狱不空誓不成佛"的菩萨人格。

范仲淹正是有着这种菩萨心肠。他的"先天下之忧而忧，后天下之乐而乐"完全与"众生度尽方成正觉，地狱不空誓不成佛"如出一脉。全然分不清是儒渗入了佛，还是佛融入了儒，但范仲淹设立的范氏义庄却完全跳出了宗教性质的慈善。

范氏义庄以血缘为纽带，是宗族式慈善组织。义庄除了给住在家乡的范氏族人提供最低限度的生活保障，例如口粮、过冬衣物、嫁娶丧葬费用、赶考路费外，还给乡人提供赈灾救济钱物，造福地方。义庄另外一个极其重要的功能便是办宗族学校，保证族人教育。值得一提的是，古时的宗族概念远远大于现代社会的小家庭，所以即便是宗族范围的慈善事业，也称得上是造福一方的。

由于义庄提供了生活上的最低保障与教育经费，苏州范氏一族可以说代代人才辈出，近九百年来从未间断。义庄始自范仲淹的良好形象，更是范氏后代引以为傲的资本。天有不测风云，每逢乱世义庄田地受到侵占之后，都会有大量范氏后代继续捐赠，以保证义庄运营，惠及族人。

用现代观点来看义庄，就是投资什么都不如投资教育。万贯家财留与子孙也不如提供良好之教育。

开封有个包青天

民间有多少关于包青天的想象、杜撰和创造，就有多少对司法公正、社会公平的渴望。而这种渴望往往求而不得，在不得已之中，这种求而不得的渴望被融入了对包青天人物的塑造之中。

今天再写包拯，已经很难还原出他的原样。我们在千年的演绎之后，在被各种小说、戏曲、评书、电视、电影洗脑之后，几乎无法相信包拯只不过是北宋仁宗朝一名普通的高级官员，官至枢密副使。

他不是神，也不是半人半神，更不是福尔摩斯。他跟我们一样是普普通通的人，一样有七情六欲，一样躲不过人间疾苦。虽然有关包青天的传奇无数，但正史上对他的记载少之又少。正史中的包拯以廉洁著称，执法严峻，不畏权贵，这足以成为一切传奇的依据。

包拯，庐州（今安徽合肥）人士，二十多岁时考中进士，但由于父母身体不好，他不愿离家，一直未曾赴任官职。直到景祐四年（1037），父母离世安葬以后，他才走上官场。由此可见，包拯绝非如民间传说那样由嫂娘带大。

庆历元年（1041），包拯任端州知州。端州在宋朝就出产砚台，端州砚极好，历朝历代都是贡品。直到今天，若是去肇庆，依然可以看见满大街都在卖端州砚。据《宋史》记载，当时制作端州砚需要多重工序，从选料到制作完成耗时耗力，因此端州砚价格极其昂贵。由于是贡品，此前的地方官趁着进贡大都敛取贡品数十倍的砚台，赠送给当朝权贵。而这些昂贵的端州砚完全由当地的百姓来负担。说起来也悲催，一个地方有特产没给当地的百姓带来什么收入，反而成了负担。包拯任端州知州后，立刻下令制造的砚台仅仅满足贡数，不允许多做一个。

包拯于庆历三年（1043）离开端州，赴汴京（今河南开封）就任。史书记载，他离开时，没有带走一块端州砚。今日的肇庆依旧建有包公祠，人们将他供在庙宇，日夜焚香祭拜。

★ ★ ★

最初包拯到汴京任监察御史。据《宋史》记载，他弹劾过许多权贵，其中最有名的便是仁宗朝张贵妃的伯父张尧佐。他劝谏官家莫加封外戚，口水喷到了官家的脸上。官家无可奈何地对张贵妃说："你就知道要官，你知不知道包拯是监察御史？"一方面，可见当时谏官敢言而无罪，另一方面，可见皇权有所约束，有所顾虑。

嘉祐元年（1056），包拯被召任权知开封府，也就是开封府尹。这大概是包拯最为人知的职位，也是一切包青天文学创作的源头。据正史记载，在担任开封府尹期间，包拯不畏权贵疏通了惠民河。用现在新闻播报里的话说就是："啃得了硬骨头！"由于权贵们的违章建筑堵塞河道，造成了惠民河泛滥，市民流离失所，包拯强行拆除了违章建筑。

另一件令他走向神坛的好事便是改革诉讼制度。开封府旧制，凡告状者，必须先将状纸交给守门的府吏，再由府吏转呈，是否审理，何时审理，则由府吏通知。由于诉讼者不能面见长官，府吏往往借此敲诈勒索，营私舞弊，而有冤屈者常因送不起钱财而告状无门。包拯大开正门，放置击鼓在门外，凡告状者可直接击鼓至公堂见官纳状，自陈冤屈，审案也能更公正合理。

写到这里，包拯为什么能从人变成神已经很清楚了，他这种开门以听民声的做法不是每朝每代的官吏都可以做到的。比起范仲淹和王安石，他真的没做过什么大事，但是凡他所做的事，事事都彰显出他的不畏权贵、为民请愿、公正廉洁。所以，后世只有他被供上了神坛。

★ ★ ★

那些我们耳熟能详的包公戏，《铡美案》《狸猫换太子》《打龙袍》《秦香莲》皆为文学创作。正史上写到包拯所断之案其实非常少，而且全然没有福尔摩斯式的情节。

最出名的要数牛舌案。一日，一个农民来告官，说是他家牛的舌头被人割了，而被割掉舌头的牛是必死无疑的。牛在北宋是非常宝贵的生产资料，未经官府许可，私自杀牛是违法行为。包拯对来告官的农民说，我允许你立刻把牛杀了，在街上摆摊卖牛肉。第二天，这个农民在卖牛肉时被一个人拽去了官府，告他私自宰牛。包拯此时大喝一声道："你割人牛舌，逼人卖肉，还敢诬告！"此人立刻被吓傻，老实交代了犯罪事实。此案看上去简单，并没有什么高超的断案技巧，在那个时代，也谈不上侦查技术，但此案确实可以看出包拯体察民情、洞悉人心。

另一个出名的案子是冷清案。一个叫冷清的青年称自己是官家的皇子。他的生母姓王，还有仁宗所赐的龙凤肚兜为证。此案在京城一传开便引发轩然大波，因为仁宗当时无子，突然一个自称皇子的人出现难免人心不稳。仁宗没有表态，只是把案子委托给了开封府。包拯私下明察暗访，终于查出宫女王氏出宫后先生下了一个女儿，而后才生下冷清，这就断然否定了冷清与皇室的血缘关系。冷清最后被判处死刑。

今日在开封博物馆还存有一块北宋开封府石碑，这也是开封博物馆的镇馆之宝。石碑上面刻的是北宋年间历任开封府尹的名字，总共有一百多人。但奇怪的是唯独找不到包拯的名字。原来，后世人们在观看石碑时，总是忍不住找出包拯的名字，反复触摸，久而久之，包拯的名字被抹掉了，石碑上只留下了一道道指痕。

包青天名不在碑，却有口皆碑。

★ ★ ★

抛开千年来包青天半人半神的形象，本小姐更愿意相信真实的他是一个有血有肉的人。人非圣贤，孰能无过？包拯并非毫无瑕疵。

至和二年（1055），包拯因担保推荐官员失误获罪，贬官池州（今安徽池州）。这是包拯为官生涯中唯一一次被贬。在宋朝进入官场有三种途径：科举、恩荫以及担保推荐。其实相对于恩荫来讲，担保推荐相对较难。官员们对担保推荐都怀有极其谨慎的态度，因为当时有规定如果被担保人出现问题，担保人需要承担相同的责任。

此外，北宋大文豪欧阳修也曾强烈抨击过包拯。嘉祐四年（1059），开封发生了一起房屋归属纠纷案。

当时的三司使张方平利用职务之便低价购买了一套有产权争议的房子，包拯当时任御史，立即上书弹劾张方平，指责他身为三司使却乘人之危，贱买所辖富民的住宅，寡廉鲜耻骇人听闻。张方平因此被免去了三司使的职务。

张方平被贬后，仁宗皇帝就提拔宋祁为三司使。宋祁是北宋文学家，他出任三司使的消息一出，包拯立马上书弹劾宋祁，理由是宋祁的生活作风极差，痴迷于饮酒作乐与蓄妾纳妓。

于是宋仁宗干脆就任命包拯为三司使。这时，欧阳修马上写了《论包拯除三司使上书》，欧阳修称包拯的行为是"逐其人而代其位"，而且做事太严厉，容易出格，这样的人不适合担任三司使。

从整件事情来看，包拯当时作为谏官弹劾违法行为或有失检点之人并无过错。如果有不妥，不妥处为他在弹劾了两任三司使后，自己接任了三司使的职位，这就是所谓的"逐其人而代其位"。如欧阳修所说，包拯性情过于刚烈，甚至没想过此处应避嫌。

但欧阳修弹劾包拯也是颇有私心，被包拯弹劾的两任三司使都与欧阳修关系密切。特别是宋祁，他与欧阳修合撰《新唐书》，可谓志同道合。宋祁生活作风欠佳基本上是可以确定的，而欧阳修也不以生活作风正派出名，相反，他甚至被人告发与"外甥女"乱伦并侵占其家产的丑闻。

可见这北宋盛世之下，也只有开封府门前的一对狮子是干净的。

现实中的包拯是一个地道的白面书生，但戏剧舞台上却变成了黑脸，寓意铁面无私。但其实真实的包拯并非没有人情味。

正史记录包拯的一段家事，也表现出他寻常人性的一面。包拯有两个儿子，大儿子早逝，那时儿媳崔氏还不满二十岁。包拯夫妇不忍心让儿媳守寡，便与亲家商议为其再找夫家。但崔氏为了不令二老伤心，拒绝改嫁。包拯的小儿子出生于许多年后，彼时包拯五十九岁，小儿亲娘是一名被赶回娘家的侍妾。当时只有包拯的儿媳崔氏发现这名侍妾在被赶出包家前已经怀有身孕。她暗地供养了这个孩子，并最终把孩子接回了包家，这孩子名叫包绶。包拯去世时，包绶年仅五岁，是由包拯的儿媳崔氏，也就是包绶的长嫂一手抚养长大。故事自有感人之处，于是民间文学杜撰嫁接，称包拯是由他长嫂抚养长大。

由于千年来的神化，时至今日，我们已经很难想象真实的包拯了。无法评论这种神化是好是坏，但我们把需要作为典型的人推上神坛，供进庙宇，包拯之前有关羽，包拯之后有岳飞。

今日，在包拯出生、埋葬、任职过的地方甚至很多与他生前毫无关系但有华人的地方都建有包公祠。本小姐大言不惭地自认见多识广，给大家简单介绍几个，日后旅游，也是个有精神寄托的去处。

开封建有包公祠，但开封水患严重，历朝历代屡建屡毁。目前的包公祠建于20世纪80年代，与本小姐同龄，不看也罢。

广东肇庆的包公祠和七星岩。肇庆的包公祠也属于现代建筑，但七星岩的摩崖石刻上存有包公真迹，可以一看。

台湾的海清宫也不错。海清宫位于台湾云林县，是台湾第一个包公庙，民间传说包青天为"阎罗天子"。相传在清乾隆三年（1738），渔民拾到由海面漂来载有阎罗天子的神像及牌位，于是在海边建庙供奉，至今香火极盛。

安徽合肥的包公祠、包公墓位于合肥市中心的包河公园内，现存的包公祠是李鸿章捐资所修，为纪念同乡之先圣。祠堂正中"色正芒寒"几个大字是李鸿章的哥哥李翰章所写，令人印象极其深刻。其意为肃穆正气令人不敢正视的光芒，用来形容包青天再恰当不过了。

民间还有许多非常小型的包公祠或包公庙，数也数不过来。许多包公庙都有一个与其他庙宇不同的习俗，那就是不敬奉任何供品。每天清晨只放一杯清水，这大概是后世对包青天最大的敬意所在。

仁宗朝的风花雪月

东京汴梁，一世浮华怎少得了风流情事？仁宗一朝，温柔和气，开放宽松，富庶太平，怎么少得了男欢女爱？讲爱情的宋词在此方面也是登峰造极，哪一句不是爱得肝肠寸断？哪一篇不是爱得死去活来？

为了让读者们免于被爱情折磨，本小姐退而求其次，写些词人的风流韵事来滥竽充数，供以消遣，愿读者们都能逍遥世间，心无所扰。

★ ★ ★

柳三变

"忍把浮名，换了浅斟低唱！"

仁宗朝满朝才子，光彩夺目，仁宗是个配角，可以说被抢尽了风头。官家也许是心生不满许久，就任性了一把，跟柳永——柳三变较上了劲。

柳三变这名字听上去飘忽不定，但却颇有来头。"君子三变"出自《论语·子张》"君子有三变：望之俨然，即之也温，听其言也厉"。其意为"君子有三变：远看他的样子庄严可怕，接近他又温和可亲，听他说话语言严厉不苟"。

但南宋也有另外一说"不肖子三变"：一变为蝗虫，货其庄田庐舍而食之；二变为蠹虫，货其家藏古籍而食之；二变为大虫，货其奴婢而食之。其意为世上的不肖子孙，他们都有三变：第一变如蝗虫，卖掉家中房产后吃喝玩乐；第二变如蛀虫，卖自家的古董、书籍后吃喝玩乐；第三变如老虎，出卖他家中的男女仆人后吃喝玩乐。

纵观柳三变一生，他肯定达不到"君子三变"的水准，但也不至于降到"不肖子三变"的档次。

柳三变，福建武夷山人士。武夷山下自古人才辈出，南宋理学大家朱熹也是出自那里。柳三变是家中老三，年少随父兄进京后便沉迷于汴梁的舞榭妓馆。他天赋才华，又通晓音律，常常应歌妓和乐工们之约，为他们创作新歌。但凡柳三变新歌一出，立即风靡汴京，连市面上的混混也会唱。

他一生创作了大量描写平民阶层男女感情的词，这类词跟今天的流行歌曲颇为相似，本小姐总结了一下，大概有这么几类：

一、世俗女性大胆而泼辣的爱情意识以及男女欢爱；

二、被遗弃或失恋的平民女子的痛苦；

三、男女相思之情与互述衷肠；

四、还有一些触景生情的无病呻吟。

这类词传播迅速、广泛且颇具文学造诣，但却始终被认为是"淫词艳曲"，脂粉气过重，显得不入流。再加上柳三变本人长期混迹妓馆，这些"欢场艳词"成了他"行为不端"的见证。以今天的眼光来看，这些词颇具社会意义，柳三变第一次将笔端伸向平民妇女的内心世界，为她们诉说心中最深处的苦闷幽怨。

柳三变名气极大却屡试不中。一方面，欢场确实耗掉他不少时间。另一方面，科举考的是经史策论，而非填词。就算再有才，也是需要苦读备考的。不过，屡试不中的抑郁心情倒是激发了他的文学天赋，他的名作《鹤冲天》便是一纸牢骚：

> 黄金榜上，偶失龙头望。明代暂遗贤，如何向。未遂风云便，争不恣狂荡。何须论得丧？才子词人，自是白衣卿相。
>
> 烟花巷陌，依约丹青屏障。幸有意中人，堪寻访。且恁偎红倚翠，风流事，平生畅。青春都一饷。忍把浮名，换了浅斟低唱！

　　大意为：在金字题名的榜上，我不过是偶然失去了状元的机会。尽管政治清明，君王也会错失贤能之才，既然没有好的机遇，为什么不随心所欲地享乐呢！何必为功名患得患失？我是个风流才子为歌妓写词，即使身着白衣，也一样有身份名望。

　　歌妓居住的街巷，有摆放着丹青画屏的绣房。那里住着我的意中人，值得我追寻。与她们依偎，享受着风流的生活，这才是我平生最大的欢乐。青春不过片刻，我宁愿把功名，换成手中浅浅的一杯酒和耳畔低回婉转的歌唱！

　　这首词一经填出即唱遍京城，以至官家都听闻其大名。官家继位后刻意标榜儒雅，而柳三变靠艳词扬名天下，官家对此颇为不满。进士放榜时，官家刻意划去了本已考中的柳三变，批注："要浮名何用？且去浅斟低唱！"

　　后又有人为柳三变鸣不平，向官家推荐柳三变，官家再回："且去填词！"自此后，柳三变便彻底沉醉于娼馆酒楼，自称"奉旨填词柳三变"。"奉旨填词柳三变"的逸事流传非常广，但真假难辨。柳三变在其暮年中举，据说他改名柳永参加了科举。但其在官场的成就远不及风月场。由于他的词情深意切广为传唱，帮助妓女们重塑精气神，因此娼妓业奉柳永为祖师爷。

★ ★ ★

宋祁

"浮生长恨欢娱少，肯爱千金轻一笑。"

在仁宗朝扎堆的文化大家中，宋祁也许算不上特别出名，本小姐之所以在此讲他的故事，完全是出于对他写作方式的崇拜心理。宋祁是仁宗朝著名的文学家，他和欧阳修共撰《新唐书》。宋祁的府邸有个外号叫作"不晓天"，府邸主人当然以生活奢华、风流浪漫、我行我素驰名。

宋祁在编撰《新唐书》时，每晚宴席散了，就将寝室的大门打开，放下帘幕，点燃两根巨烛，众多婢女环绕侍候着，他居于众美女中间，铺上稿纸开始写书。他写书的情景，宛若神仙仙境，远近闻名。

有一年的一个大雪天，他一边写着，一边问身边众侍姬："你们以前在别人家的时候，见过像我这样清雅脱俗的主人吗？"

众侍姬都说："的确没有见过。"

接着，他又问其中一位美姬道："以前你家太尉遇到这种大雪天时都做什么？"

女子回答："不过是围着火炉欣赏歌舞，喝酒取乐罢了。"

宋祁听了十分赞许地说："其实这样也不错啊！"

于是搁下笔来，传来酒菜，接着又是饮酒为欢，歌舞为伴，恣意享乐，通宵乃止。

由此故事可以看出，宋祁是一个典型的享乐主义者，喜好酒色，包拯肯定是看不下去的。但这样的情况，在宋朝还真稀松平常。宋朝的文人士大夫俸禄优厚，大都生活奢华。

宋仁宗天圣二年（1024），宋祁与哥哥宋郊双双考中进士。其实，宋祁高中状元，哥哥宋郊中探花。当时主政的刘太后认为兄弟有序，随即将名次调换。但后又认为，兄弟同列一甲，恐怕会引发天下人不服，于是决定将弟弟宋祁调为第十名。

世事阴差阳错，也没个能够说理的地方。

才华横溢的宋氏兄弟好似一株光彩夺目的并蒂莲花，同时步入仕途。哥哥宋郊官至宰相，弟弟宋祁官至工部尚书，可谓荣耀一时，彰显后世。当时，朝廷里的人都亲切地叫哥哥宋郊为"大宋"，叫弟弟宋祁为"小宋"。这哥俩虽然是一母同胞，却性格迥异。哥哥宋郊为人处世低调，老成稳健，谦虚谨慎；弟弟宋祁却生活高调，恃才傲物，锋芒毕露。

哥哥"大宋"官做得比宋祁大多了，虽然当时身为宰相，但是生活依然低调简朴。宋祁奢侈豪华的生活，不仅他哥哥看不惯，其他的正直之士也颇为不满。名臣包拯任御史中丞时，就对宋祁的奢华糜烂生活非常反感，曾经多次弹劾和批评他。

可宋祁似乎并不在意，照样我行我素，果真应了他的词："浮生长恨欢娱少，肯爱千金轻一笑。"

他的词在朝野中广为传唱，人尽皆知，连皇宫中的宫女都知道"小宋"的美名。有一次，宋祁在京城的大街上路过，突然迎面来了一队皇宫里的车马，宋祁急忙躲闪在路旁，看车队经过。谁知这时，有一辆车内的宫女突然从揭开的车帘中看到了路旁的宋祁，情不自禁地喊道："啊，是'小宋'！"宋祁听到这一声娇滴的呼唤，心中久久不能释怀，回到家中写下了著名的《鹧鸪天》。

> 画毂雕鞍狭路逢，一声肠断绣帘中。身无彩凤双飞翼，心有灵犀一点通。
>
> 金作屋，玉为笼，车如流水马游龙。刘郎已恨蓬山远，更隔蓬山几万重。

《鹧鸪天》一出炉，便广为流传。很快就传到了皇宫大内官家的耳朵里。官家追问是何人呼"小宋"，一宫女答道："是我喊的'小宋'，以前侍候御宴时，见过'小宋'学士，我看到左右的大臣们都指点说这是'小宋'，所以就记住了。"

官家随即招来"小宋"说："其实蓬山并不远啊！"随后，竟然下旨将这名宫女赐给了宋祁。

宋祁妻妾成群，想来这名宫女也是不幸。不仅如此，这位才子还恃才傲物，目中无人，甚至连官家都这么认为。根据笔记记载，当范仲淹离开朝廷后，朝中空缺出一个参知政事的位子。有人推荐宋氏兄弟，官家说："'大宋'可以，'小宋'不行，满朝文武大臣无一人能入'小宋'法眼。"

话说回来，这世上哪有才华横溢又循规蹈矩的人呢？

谁是父亲：宋朝的"濮议"

宋朝的"濮议"对今人来说不好理解，至少今人理解不到其重要性。仁宗无子，由过继来的近支宗室英宗继位。那么英宗应该叫仁宗爸爸还是应该叫他生父为爸爸就成了一个天大的问题……

嘉祐八年（1063），仁宗驾崩于汴梁城福宁殿。据史书记载，噩耗传到北境，辽道宗耶律洪基痛哭失声。四十二年不识干戈，辽宋的百年和平几乎一半都在仁宗朝。

依本小姐之愚见，大宋皇帝的驾崩是否真能引发辽主的痛哭，值得怀疑。或许这不过是史官叙述皇帝离世时的惯用套路罢了。但发自帝国内部的悲伤却是可信的。汴梁城罢市数日，妇孺皆哭。噩耗传洛阳，史书记：哭声震天，烟纸遮日。

仁宗未曾有过大的作为，他以无为为作为，温柔了一个时代。他没有雄才大略，更没有收复燕云的壮志，但他仁慈宽厚，四十二载未有任何的暴躁与残忍。尽管以今天的眼光，他跟他的赵氏祖先一样，晚年表现出了明显的精神和心理障碍症状。

有许多说法认为，他晚年严重的心理问题源自无子。仁宗在位四十二年，所生皇子均夭折。如果用今天的医学解释，极高的夭折率往往是基因异常引起的。当时没有今日之医学水平，这无疑给仁宗带来了极大的心理和生理压力。他直到晚年确认已经无法再生育继承人时，才将堂兄的儿子收养为皇子，立为皇储。这便是宋英宗。

宋英宗总共在位四年便驾崩，而他在位的这四年里，基本只有两件大事可以一提。其一便是大行皇帝的丧葬仪式。宋英宗虽不是仁宗的亲生儿子，但同样是太宗子孙，非常不幸，他在继位之初便显露出极不稳定的精神状况。在大行皇帝的丧礼期间，他已经表现出行为失常、无法自控的举动，致使先帝下葬仪式延后。

另一件大事便是"濮议"。"濮议"是一件用今日的思维完全无法理解的事情。说白了就是新皇帝宋英宗该如何称呼他已经过世的生父濮王。到底是应该称生父为"皇伯"还是"皇考"？"考"在古文中是指已经过世的父亲。

这个今日看来无关痛痒的问题却引发了群臣争论。

一派认为，英宗被过继给了仁宗，有继子的身份，在仁宗去世后继承了皇位。完全是先继嗣、再继统两个动作，所以仁宗便为英宗父亲，英宗当称自己的生父濮王为皇伯。

而另一派则认为，人伦是儒家之根本，父便为父，英宗当称自己的生父濮王为皇考。新皇帝一意支持后者，但反对派强大，新皇帝用了整整十八个月才如愿以偿称呼自己的亲生父亲为皇考。

此事在宋朝争议并不特别大，倒是引发了明朝的"大礼议之争"。嘉靖皇帝执意要以"皇帝"的身份进北京城继承大统，而非以"皇太子"的身份进入北京城继嗣再继统。

嘉靖皇帝这个举动，已经参考了宋朝的先例，其意无非是表明：我到北京城是来继统的，而不是来继嗣的，所以坚决不肯以"皇太子"之礼进城。后来嘉靖皇帝还专门编了一本书叫《明伦大典》，里面就是讲他自己是以近支宗室的身份继统，而非继嗣。《明伦大典》就是要讲清这种人伦关系。

"濮议"争议结束不久，宋英宗在位四年便过世了，此事不了了之。英宗过世之后，宋神宗以嫡长子的身份继位。虽说中原政权理论上一贯以"嫡"加"长"为最正统，但读者应该注意的是现实与理论的差距。自有宋以来，宋神宗还是第一位以"嫡长子"身份继承皇位的皇帝，第二位是宋钦宗，北宋仅此两例。

可见皇位的诱惑有多大，命运有多无常。

王安石变法：贫弱之世

说起来王安石有点"穿越古今"的意思。曾一再拒绝入京为官，成为京城里的一个传说。

世界无产阶级导师列宁说过："王安石是中国十一世纪的改革家。"列宁不会无缘无故提及王安石，一定有他的原因。1944 年夏，美国副总统华莱士访华，他在演讲中盛赞王安石并且认为美国当时正在进行的罗斯福新政与 900 多年前的王安石变法如出一辙。可见，王安石是近现代世界级的偶像。

说得夸张一些，宋朝可以没有岳飞，但绝不能没有王安石。王安石变法枯燥无味，远不及岳飞抗金那般荡气回肠，但王安石变法确实涉及了社会的方方面面，倘若弄懂了王安石，那么对于理解整个中国社会无论是宋朝还是现代都非常有益，这大概可以解释为什么王安石变法始终是国际汉学界中的第一大课题。任何关于王安石变法的观点与分析都左右着国际视听。黄仁宇的名作《中国大历史》一书，强调宏观历史，由于时间跨度太大，对所有的历史事件几乎都是蜻蜓点水，唯独大笔墨撰写王安石变法也是这个道理。

北宋一旦翻过了仁宗这一页，帝国的悲剧色彩便开始逐渐显现。

仁宗无子，由旁支承继大统。继位的宋英宗为宋太宗赵光义的曾孙。但不幸的是，他一样难逃严重精神疾病的困扰，仅在位四年便因病离世。英宗离世后，由他的嫡长子宋神宗继位。

其实从宋神宗的身世便能看出王安石变法其实是个偶然事件。宋神宗的父亲宋英宗是以宗室身份过继继位的，所以，宋英宗本人跟正宗皇子不同，所以神宗也是在皇宫外的宗室府邸长大的，成年后另寻住处，并没有在皇宫生活过。英宗继位搬入皇宫的时候，神宗已经成年了，也没有可能入宫居住，因为皇宫不允许成年男子居住，成年皇子必须搬走。

所以与那些长于皇宫的皇子不同，皇宫对于神宗来说是一个探险之地，他到处乱翻的时候翻到了放在书柜里的王安石所写的《上仁宗皇帝万言书》。当然《上仁宗皇帝万言书》这个题目是后人取的。神宗一看这个好，立刻请来王安石施行变法。所以王安石变法亦被称为熙宁变法，熙宁是神宗的年号。

特别值得注意的是，王安石变法的蓝图其实是针对仁宗朝后期的情况而制定的，也就是庆历新政失败后的情况，而不是针对神宗朝当时的社会情况而定的。

神宗继位时是个英姿勃发的少年。史书记载，他是个优等生，心地善良、勤奋好学、胸怀抱负。继位后，他更是不修宫殿、不纳妾室，一心一意变法图强。可他继位之时，北宋已经面临着严重的内忧外患。算算看，从960年太祖建立北宋到1068年神宗继位，整整108年过去了，在蹉跎岁月中，许许多多的制度弊端已经到了积重难返的程度。

100年，从历史的角度看也许不能称久，百年的光阴就算不至于沧海桑田，但用天翻地覆来形容也毫不夸张。试想一下，2016年往回数100年，就是1916年。那时清朝宣统皇帝刚刚退位不久，宝安只是一个什么都没有的渔村，人们如何能够想象一百年后它早已改名深圳，满城皆是科技创业公司！

当然，近现代发展节奏远快于古代，但即使慢，时光也在不动声色地改变一切。

太祖、太宗立国时那些针对时局的"家法"到了神宗时，已经弊端百出了，"积贫积弱"这个在大众眼里特指宋朝的词由此而来。到底何为"积贫积弱"呢？

"积贫"并不是指国家贫穷，相反，大宋是经济文化的巅峰时代，毫无疑问的世界首富。"积贫"指的是国家财政入不敷出，长期处于赤字当中。原因非常简单，养兵和养官太花钱，耗尽国库。

大宋实行募兵制。太祖十分得意自己采用的募兵制，这被北宋视为"祖宗家法"之一。募兵制说白了就是今天的志愿兵，靠国家财政来养着，与之相对的便是征兵制，用今天的白话讲叫义务兵制。今天我们能看到韩国和中国台湾的许多男明星被迫中断演艺事业而从军，就是因为义务兵制，也就是带有强制性质的征兵制。

太祖认为养兵是长治久安之道，年景不好的时候，军队招募饥民当兵，这在一定程度上让军队成为收留饥民、地痞流氓并加以管束的机构。当社会不稳定人员被充军，闹事造反的事情也就大大减少。这种制度短期内效果明显，但时日一久，国家财政根本不堪重负。不仅如此，军队没有退役一说，军营到处都是老弱病残，再加上朝廷不信任武将，充斥各种牵制将领的"祖宗家法"，北宋军队的战斗力堪忧，这就是所谓的"积弱"。

太祖朝军队人数大致为 37 万，太宗朝 66 万，真宗朝 91 万，仁宗朝 125 万，神宗朝初年已达 140 万。而供养这样一支常备军需要的钱，已经占到政府财政收入的 5/6。

除了养兵外，养官也是另一笔巨大的开销。"厚待士人，以文治武"是太祖的另一条"祖宗家法"。宋朝大兴科举，录取人数是唐朝的数十倍，在造就文化巅峰的同时，也带来了大批冗官。

这还没完，宋朝以"厚待士人"闻名于世，官员的高薪也令人瞠目结舌。如果用等量大米的价值来估算，大宋宰相的年薪高达 200 万元人民币。我们熟知的宋朝文化名人，无论是寇准、欧阳修还是苏东坡，生活都是极其豪奢的，可见那时高官的钱是花不完的。

光是养兵和养官就已经耗尽国家收入，除了这两样，朝廷还需要支付皇家的各种祭祀典礼费用，这些也都好说，朝廷还要"赠予"辽、"赐予"西夏和平赎买费，这笔开销不大，但深深刺痛了少年官家的自尊心。

他立志在他一朝，结束这种"爱的供养"。

神宗有志于富国强兵，他还年轻，有的是时间。他要彻底改变北宋面对西北蛮夷西夏的被动局面，还要收回燕云十六州。但他并没有立刻发动对西夏的战争，因为他没有钱！古话说"兵马未动，粮草先行"，用今天的话说就是"打仗就是烧钱"！财政赤字让他一筹莫展，连宰相年底的奖金都发不出来，哪还谈得上出兵？

于是乎，王安石像救世主一样，横空出世。

此人颇为怪异，绝非等闲之辈。据说他不修边幅，不注意个人卫生，长时间不刷牙、不洗澡，蓬头垢面，穿戴邋遢。这种事若放在一般人身上，必定遭人嫌弃厌恶；可在才子王安石的身上，这种令人反胃的做派反而给他增添了魅力。舆论普遍认为这是个世外高人，不流俗套，有点"竹林七贤"的意思。

另一件小事也能看出王安石的心性，他有原则，不为任何人和事所动。王安石和司马光曾同为北宋名臣包拯的下属。包拯极爱喝酒，曾邀请一众下属来家中喝酒。众人在主人的劝酒下纷纷痛饮，唯有王安石滴酒不沾，回复包拯：下属不爱饮酒。司马光同样不爱饮酒，但万般为难下也无奈喝了一杯。

王安石出生于天禧五年（1021），比当时最著名的历史学家司马光，也是坚定的反对派精神领袖小两岁。到神宗熙宁元年（1068）变法开始时，王安石已经四十八岁了。可以说，王安石整个少年和青壮年时代都是在仁宗朝度过的。如果他真是天赋才华，为什么在仁宗朝不见他大放异彩呢？其实他从二十二岁中第开始，直到四十八岁位居京城高官，这期间一直在地方为官，并且一再拒绝进京就职的邀请。他在就任的每个地方都政绩斐然，留下了极佳声名。而他一再拒绝入京为官，更增添了才子的神秘感，让他成了京城里的一个传说。

人人都想一睹他的真容。有人说，他是在韬光养晦，也有人说，他只不过是喜欢某些地方上的肥差，毕竟他家经济条件并不好。但要说他韬光养晦，二十多年未免时间长了点，若说他为了肥差，他的官声极好，私德无懈可击，连一心要置他于死地的政敌也不曾找到任何把柄。

王安石对关于他的各种传言，一概不予理会，没有回复，没有解释。一个专注于自己的人，从来也不曾也不会在意别人说些什么。

王安石变法：既生瑜，何生亮？

他头脑清醒，思维缜密，目的明确，不为任何人事所动。他自信他做的一切是有意义的。他的诗里多多少少流露出他的自负："浓绿万枝红一点，动人春色不须多。"

王安石告诉神宗："善理财者，民不加赋而国用饶。"意思是，官家需要任用善于理财的人，这样不用向民间加税也一样可以使国库充盈。而反对派领袖司马光则告诉神宗："王安石所谓的善理财者，不过是巧立名目在百姓头上加税罢了。天地所生的钱财万物，不在官，则在民。设法从老百姓那里巧取豪夺，比加税还坏。"

很显然，司马光认为天下财富有定数，不在官则在民，若想增加政府收入，除了从民间征收加税，没有别的办法。这种观点之下，国与民是对立的。

还好我们有着后见之明，今天或许不用经济学原理，常识都能证实司马光这种"天下财富有定数，不在官则在民"的理念很明显是错的。但这确是一千年前农业社会的普遍观点。读者们可以理解一下，宋朝虽说商品经济发展较好，但整体看来依然是农业为主的小农自然经济。说白了，就是一家一户的农业生产方式，男耕女织，靠天吃饭。一亩田能产多少粮食，这些粮食能换多少钱，确实变化不大，可以说是个定数。而国家财政收入主要依靠来自农民的税收。司马光的眼界停留在这一层面也不足为怪。

另一方面，今日的经济学常识已经证实了王安石的观点"民不加赋而国用饶"是正确可行的。不加税而增加财政收入的方法有很多。道理非常简单，比如说，一家工厂一个月生产出一辆汽车，销售了一辆汽车，国家就只有一辆新车销售的税收。但如果加大对工厂的投资，改善车间生产条件，提高制造技术，使得产量迅速提高，一个月可以生产出十辆汽车，如果销量也是十辆，那么国家的税收收入就增加了十倍。

王安石在一千年前就已经持有了这种增长的观点，他认为，财富是个变量，只要扩大流通和生产，经济总量就会增长，即使保持同一税率，国家收入也会翻倍增长，自然"不用加赋"。

少年官家在短暂的犹豫之后，毅然选择了王安石变法。他大概也不会想到，他一心为了富国强兵的选择最终把宋朝拖入了党争泥潭之中。新旧两党从最初的君子之争、道义之争，在王安石、司马光相继去世后迅速蜕化为权力之争、意气之争，随之而来的则是政治空气的迅速恶化，伦理道德的丧失，原本带有"富国强兵"目的的新法迅速堕落为敛财手段，由此万劫不复。

宋神宗熙宁二年（1069），王安石被任命为副宰相，全权负责新法实施。司马光则因为反对无效，执意退出官场。由于他德高望重，神宗按照"祖宗家法"的互相牵制原则，希望他能出任枢密副使这个高官以牵制新法势力。但司马光表示，若采用新法，他将不会出任任何职务。由此可见，这位反对派领袖也有自己的原则、信念与操守。他在与王安石彻底决裂后，便在神宗的庇护下远避洛阳，开始埋头书写他的大作《资治通鉴》。

《资治通鉴》可以说是我国最为著名的史书之一，可以和它媲美的大概也就只有司马迁所著的《史记》了。两者最大的区别则是《史记》是纪传体史书，而《资治通鉴》则采用了编年体。《史记》由于采用了人物纪传体，所以故事性较强，每个历史人物的起起落落都被舞台式地呈现在读者眼前，戏剧性极强。但《资治通鉴》采用的编年体则较为枯燥，只是按照年代的顺序罗列当年的史实，这无疑缺少了文学魅力，但对于那些能从字里行间看出本质的读者来说，《资治通鉴》非常耐读，因为罗列史料的选择完全反映了司马光对历史的敏锐理解。

在司马光远避洛阳埋头著书的 17 年间，他极少提及现实政治，这大概也是人们习惯称呼他为反对派精神领袖的原因。

就这样，两位同时代、才学与人格并重的巨人由于政治理念相悖，最终分道扬镳、势同水火、不共戴天。

既生瑜，何生亮？

王安石变法：理想与功利

王安石变法既是最高的理想，也是最大的功利。也许，功利中可以有理想，而理想中不能有功利。

熙宁元年（1068），王安石给神宗上了个折子——《本朝百年无事札子》。在这篇折子中，他对太祖太宗所创的祖宗之法是加以否定的。本朝之所以百年无事，当赖蛮夷戎狄不在昌盛之时，且国内也没有大的水旱之灾。

熙宁二年（1069），王安石升任参知政事，开始变法。读者如果还记得，本小姐在之前的篇幅里写过范仲淹的庆历新政。由于此时离庆历新政仅仅过去了二十来年，所以，王安石很多的变法策略是吸取了庆历新政失败教训的。比如说，王安石并没有直接公布变法的具体措施，而是首先成立了一个变法的机构"制置三司条例司"来全权负责变法，防止变法受到行政部门的阻碍而无法落实。变法政策集中在金融经济方面，而避开了庆历新政的整顿吏制这一块。

本小姐深知王安石变法的具体内容沉闷无比，但真正让这些条条款款变得令人"深恶痛绝"的原因当首推高考。相信本小姐的同龄人，其实也不止同龄人，参加过高考的文科生几乎人人都背过那些令人费解的条款，这些条款涉及社会经济的方方面面，大大超出了宝宝们的理解范围。

变法的考点与精华都集中在了金融与经济方面，其他方面则较少人留意，例如太学三舍法。其实太学三舍法就是太学里的三级制，相当于月考、年考、毕业考。如果学生全部考试成绩优秀，就给予官位。仔细想想，这是王安石在用学校制度代替科举制度，用学校教育代替考试。科举制度只是一个考试制度，而不是一个教育制度。任何符合要求的公民都可以参加科举考试，无论你有没有上过学，而且只要考中，便可以授官，也不管你有没有上过学。

可现在情况不一样了，王安石要推行新法，推行新法不仅需要人才，更需要在思想上具有统一认识的人才，至少这些人才需要认同新法。为此，王安石编写了新的教材《三经新义》，他是对儒家经典《诗》《书》《周礼》做出了有利于变法的新释义，这也正是王安石变法的指导思想和理论基础。

新法中最有名的措施莫过于青苗法了。青苗法的目的在于遏制当时社会上猖獗的高利贷，扶助贫困农民。北宋中叶，高利贷猖獗，利率可以高达 100%～200%，这无疑给贷款的农民带来了灭顶之灾。

大家知道，2019 年央行法定的基准贷款利率是
4.35%（借贷期一年）。但凡民间借贷利率超过基准利
率的四倍，超出部分的利息将不受法院支持，也就是
说当民间贷款利率超过 17% 时，就可被视为高利贷。
现代金融的法律极好地规范了民间金融行为，例如，
本小姐以前所在的宝马汽车金融公司执行的批售贷款
利率就是在 6% ~ 7.5% 之间。可是 1000 年前的宋朝，
并没有这样的法律来规范金融借贷行为。

青苗法的设计非常巧妙，为了防止达官富豪们重
利盘剥农民，朝廷亲自发放贷款，贷款利率 20%。虽
说以今天的数据看，这依然属于高利贷级别，但与达
官富豪们相比，朝廷已经是在做慈善了。这个借贷法
之所以被称为"青苗法"是因为朝廷在农民每年青黄
不接的时候发放贷款，而农民则用地里的青苗作为信
用担保或抵押。无可否认，青苗法确实一箭三雕：扶
助了贫农，抑制了达官富豪们，朝廷还有钱赚！

但是，钱是个万恶的东西。任何事情只要跟钱沾
上边，立刻就能变了味。青苗法便是这样，一个明明
带有正义感的新法，为什么就能导致极其可怕的后果
呢？

事情是这样的。

朝廷为了在全国大规模推行青苗法，给地方官员
设定了绩效目标，而青苗法的推行程度，直接关系到

官员们的业绩和升迁，官员们为了升迁，还能有干不出来的事情吗？

于是，青苗法在执行层面变成了这样：为了尽可能多贷出款，官员们也不管贷款人是不是需要帮助的贫农，而是硬性摊派任务每户都得贷。为了能按时按息还贷，官员们把农户们贫富捆绑，富农必须为贫农担保，也就是他还不上的时候你来还。还有的为了多赚利息，为朝廷创收，当然捎带手也为自己创收，把贷款利率提高到了 30% 以上。更有甚者，有些县本来就没有多少库存，但为了放贷款，竟然向农民加税筹措放款的本金。

非常不幸，青苗法在推行后不久便遇上了极大的旱灾，农民颗粒无收。不仅贫农还不上钱，由于捆绑销售，富农也被拖垮。官员们为了自己的业绩，以及业绩之后的前途，当然会威逼富户拿出钱来弥补损失，这无疑引发了民间怨声载道。

一件好事就这样被做坏了。有些时候，事情并没有好坏之分，关键是看谁去做，怎么做。坏事能被做好，好事也能被做坏。从更深层次去看，人其实是靠不住的，健全配套法制才显得那么重要。

不能否认青苗法的初衷有着极大的善意，但以今天的眼界来看，青苗法这样一个借贷行为需要有一个标准、公允、法定的主持方式。本小姐以前所在的宝马汽车金融公司就做着放款业务。至少需要一个部门来审查借贷者的各种申请资料，而这些申请资料往往涉及诸多方面，例如：工作单位、存款、房产、担保人、信用记录等。通过审核后需要签订合同，明确借款和还款的数额和方式以及逾期不还的罚金。如果涉及质押物，还需要第三方监管。再出现纠纷，还需要牵涉法律诉讼。

想用金融借贷的方式来刺激国民经济，需要全社会各个方面制度的就绪。如若没有，仅仅靠着摊派任务去向农民发放贷款，后果真是不堪设想。但抛开执行层面，单就青苗法本身来说，这无疑是个创举。

著名的历史学家黄仁宇曾经说过，王安石让世人惊异，在一千年前，他就企图以金融管制的方法操控国家经济，其深度和范围巨大，无疑已经知道可以用信用贷款的办法刺激经济增长。当生产增加货物流通时，即使同一税率也能达到增收的目的。

这种扩张性的眼界跟宋时远，反而跟我们现代读者近，他太超前了！

除了最有名的青苗法之外，便是市易法。与青苗法一样，市易法旨在公私两利。熙宁五年（1072），当时京师市无常价，富户奸商便趁机进行垄断，低价买入，高价卖出牟取暴利，吃亏的自然是老百姓。

市易法设置市易司来管理市场，物价低时增价收购，物价高时减价出售，用今天的话说就是成立一个国家垄断贸易公司，动用国家力量来平抑物价，打击垄断富商，帮扶百姓。当然市易司也不是专做亏本生意，也是要盈利的，只不过并不牟取暴利而已。比方说富户奸商一块钱买进十块钱卖出，市易司则一块钱买进五块钱卖出。盈利虽不算多，但也能充盈国库。再加上官府财大气粗，控制了市场，物价的波动就不会太大。

这么好的法为什么行不通呢？道理非常简单，因为新法的目的是为国理财的，可为国理财的人少，而为己敛财的人多。扭曲的国家垄断比大商人垄断更可怕。王安石的新法是由政府直接做生意，结果自然只能是为腐败大开方便之门，迅速养肥了一批官员。所谓市易司，后来事实上就变成了最大的投机倒把商。他们的任务，原本是购买滞销商品，但最后却变成专门抢购紧俏物资。因为只有这样，他们才能完成朝廷下达的利润指标，也才能从中渔利，中饱私囊。显然，在这一点上，反对派的意见其实是对的：商业贸易只能是民间的事。官方经商，必定祸国殃民。这就是所谓的"官不与民争利"。

就这样，原本立足于平抑物价、抑制大商人重利盘剥的市易法，蜕变成国家公务人员垄断市场、货源、价格，甚至批发与零售也被政府官员所操纵，哪怕想做点小的生意，也要先行贿赂政府官员。于是，大中小商人都纷纷破产，城市工商业开始萧条。

新法中的这些经济政策虽然在执行层面引发了一些可怕的后果，但单看这些经济政策，确实是超前的。他利用国家政府的执行力，使自由的散沙式的自然私有经济，转化成大规模的国民经济，也就是说，国家政府主导经济，用国家垄断和国家权力改造自由市场，而主导的方式就是货币、价格、市场这些因素。国家政府从一个被动的收税者，变为经济规划者和经营者。这也就不难解释为什么王安石被列宁视为社会主义的同志，被罗斯福视为国家资本主义的知己了。

王安石变法：帝国的宿命

他肯定有秘密藏在心头，他的情怀写在他的诗里。"京口瓜洲一水间，钟山只隔数重山。春风又绿江南岸，明月何时照我还？"

学术界总是为一些普通人看来毫无意义的问题争论不止，例如，王安石这篇名作《泊船瓜洲》的写作时间。有些专家认为名作写于变法如火如荼之时，也有的认为名作应写于他退隐官场之后。但不管怎样，明月确实照他还了江宁。

传统社会若一定要改革，必定要有一套说辞和权威力量作为改革的理由与支撑，也就是所谓的理论基础。而最有力量的理论靠山便是儒家经典和祖宗之法。

传统中国奉行儒家思想，而儒家有"法先王"的教条，也叫作"敬天法祖"。就是说，后世应当学习前世，子孙应当效法先祖，这一点显然是对变法改革不利的，这就是王安石为什么要编《三经新义》，借着重新解释儒家经典，对变法做出有利分析。

与之相对的便是战国时期的"法家"。与儒家不同，"法家"认为社会是不断发展的，应该"法后王"。这就不难解释为什么后来王安石变成了一个"法家代表人物"。

事实上，王安石的新法是依托重新解释儒学精神来变祖宗之法的，大宋立国已经一百多年，祖宗之法的弊端已经显现，王安石对祖宗之法大部分是持否定态度的。

王安石死在他的政治保护伞神宗皇帝的后面，他逝世前一年（1085年），他一生的政敌，那个时代世上唯一能跟他叫板的人，反对派领袖司马光上台，新法全部被废，主政派也全数被撤换。

司马光砸缸这个家喻户晓的故事似乎让司马光永远停留在了孩提时代。但到了1085年神宗去世时，司马光已经六十七岁了，他的对手王安石此时也已经六十五岁。司马光估计从来没想过正值壮年的皇帝会死在他一个接近古来稀的老人前面，他身体状况欠佳，本以为自己就注定在洛阳度过余生。可参加完大行皇帝的丧葬典礼之后，据说，汴梁的百姓们在街道上认出了司马光，他们堵住了城门，不让这位德高望重的反对派领袖返回洛阳。

他奉太后之命留在了汴梁，尽一切所能废黜已经施行十七年的新法。他过于急躁，过于强硬。新法有问题，当然也有好的一面。可司马光不分青红皂白一概废黜的态度来自紧逼他的迫切感。没有人比他更清楚自己的身体状况，他已时日无多，生命留给他的时间已经在以分钟计算。

元祐元年（1086），王安石与司马光相继去世。但废黜新法的运动一直持续到 1093 年，历史上称为"元祐更化"。

再回到那些被司马光废黜的新法，新法以经济及金融政策最为著名，当然也引发巨大争论。新法虽然引发了一系列问题，但其"理财"效果也可谓立竿见影。神宗朝的财政状况立刻开始好转，朝廷收入大增。

神宗与宋朝其他得过且过的官家不同，他志在重振中原王朝的威望，就算暂时对辽没有办法，但区区西夏还是可以收拾的。拜王安石的新法所赐，他现在有钱了，可以有所行动了。他一心把这些钱用在西北和北方战场，但命运对于这样一位有志青年却并不垂青。元丰五年（1082），宋发动对西夏的军事行动，但遭惨败，损失近二十万人。可见，王安石变法富国有术而强兵无方！战报传至汴梁，神宗临朝恸哭，不能自已。军事上的惨败彻底击垮了这位年轻的皇帝，他的意志与身体迅速衰败，年仅三十八岁便撒手人寰。

而真正的党争，正是开始于神宗去世后。

神宗的儿子哲宗继位时年仅九岁，由他的皇祖母高氏高滔滔垂帘听政，滔滔是女中尧舜，她反对变法，于是便有了请回司马光的一幕。1093 年，高太后去世，哲宗亲政，新法党再次上台，开始迫害旧法党。七年后，1100 年，二十四岁的哲宗病死。宋徽宗继位，由皇太后向氏垂帘听政，向氏再次废除新法，起用旧党人士。九个月后，向太后归政于宋徽宗。宋徽宗开始意在调和两党，后来逐渐偏向新法，但新法在徽宗一朝完全堕落。

如果说司马光与王安石在世时党争还能被称为君子之争的话，那么到了哲宗朝，党争已经完全沦为小人之争，伴随其中的当然是严酷的政治斗争与冤冤相报了。

少年官家的叛逆人生

宋哲宗相当于慈禧严管下的光绪。高太后在世时
他老老实实，亲政后全部翻盘，新旧两党轮流上台自
此开始。

翻过神宗和王安石这一页，北宋就此进入了晚期。

神宗驾崩后，他的儿子，年仅九岁的宋哲宗继位，
由太皇太后高滔滔垂帘听政。高太后是个权力欲极强
且热衷政务的女人，她厌恶新法，掌权后立刻召司马
光回京，用了一年多的时间就彻底废除了新法。废除
新法的这一年也是司马光人生的最后一年，当然司马
光效率极高，工作量极大，这无形之间也损了他的阳
寿。高太后对司马光及旧法党极其信任，言听计从，
君臣之间极为默契。

他们忙于废除新法，重塑祖宗旧制，呕心沥血其实
也是为了江山社稷。可他们忽略了官家！在他们眼里，
一个九岁的孩子懂什么呢？他只要能坐在皇位上保持安
静就可以了，而这些并非故意的轻视与怠慢行为，伤害
了孩子的自尊心。与一般的孩子不同，官家没有立刻做
出任何过激的叛逆行为，而是保持了沉默，他的沉默让

高太后也就是他的奶奶不寒而栗。她隐约感觉到了他的早熟，他的非暴力不合作态度。

从今日的心理学来看，十八岁之前，孩子基本都处在各种叛逆期。官家继位时九岁，八年后高太后过世，十七岁的他才开始亲政。也就是说，官家的整个叛逆期都是在高太后掌权期间。这也就不难理解他亲政后的所作所为。

官家曾在亲政后提到过在高太后垂帘听政时期，他只能看见大臣的背和屁股。没有人拿他当一回事，可见他内心积怨已深。坐在皇位上的他极端早熟，他一言不发，始终保持沉默。也许是他确实年龄太小插不上话，也许是他知道说话也是多余，一切由太后定夺，或者也许他心里清楚，他并非先帝唯一的儿子，他还有几个弟弟，若是太后不满意，他也许会被废黜。

至少在太后当政的那八年里，官家没有显露出他对新法的倾心。他看着新法被废除也未曾有过任何异议，当然他那时年龄太小。但当他亲政后，他立刻再次全面起用新法，将旧法党全部罢免。很难说，这是官家对太后以及旧法党日积月累的叛逆报复，还是他真的意识到新法对大宋的益处。

对官家这样极端的翻盘态度，高太后并非完全没有预料，她多多少少预感到了一些。她曾经想换掉他的一张旧书桌，而他不准，理由是这是他父亲、先皇用过的书桌。他嘴上不说，却用行动表明了他与她的对立，他要继续用他父亲用过的书桌，也被后人推测要继承他父亲的新法。

宋哲宗的死因蹊跷，年仅二十四岁便撒手人寰，此时他才亲政八年。史书上说他是得了风寒感冒之症，也有记载说他死于类似肺结核的病症。但一个二十四岁的青年死因含糊的记载，实在无法令人信服。于是，更普遍但未见正史的说法是官家死于纵欲过度。

凡是涉及皇家体面的事情永远都是不清不楚。有说太后曾让年轻的官家跟她自己住在同一宫中，以便管教。相信太后是为了他好，但对于官家来说，无疑是失去了自由。

官家的婚姻大事当然也是由太后做主。太后给他娶了孟皇后，官家自然是很不喜欢。等到他亲政时，便找了个借口，把孟皇后废了。看上去，官家是因为有自己的宠妃刘氏才废黜孟皇后的，但实际上官家采用新法，可这个孟皇后是高太后一手选定的，她的娘家是彻底的旧法党。

命运的无常便在这里，这个被官家废黜，又无一儿半女的普通女子并没有像一般宫廷弃妇那样冷冷清清地孤独终老。由于被废黜且无子女，因此她不在皇族名单上。靖康之难金军攻破汴梁城时，所有在册的皇族皆被俘虏北上，一路上受尽折磨凌辱。这个被废黜的皇后却躲过了一劫。

当康王赵构在江南重拾山河时，这个女人又作为皇室长辈被抬了出来，并尊为太后，并且由她册封了南宋的第一位皇帝赵构，也就是宋高宗。按辈分看，命运多舛的孟皇后是宋高宗赵构伯父的妻子，也就是他的伯母。不管怎样，她曾是先皇的妻子，在靖康之难后，她是皇室仅存的辈分最高最尊贵的长辈了。宋高宗在临安站稳脚跟后，对这位皇太后也是极为孝敬，亲自侍奉，直至孟太后离世。

并不是每一个人都可以因祸得福，真的没什么能够解释的，也许是因为她的品性，也许是因为命运。

业余皇帝宋徽宗

宋徽宗兴趣爱好广泛且跨度极大，文化事业与体育事业均没有落下。绘画与书法艺术在此君身上登峰造极，此外，此君还是铁杆球迷、青楼爱好者，从皇宫挖地道通青楼也是闻所未闻，那真是相当痴情。

★ ★ ★

书画皇帝的艺术人生

若论品位高雅，恐怕世间无人及他。他无疑是史上最成功的书法家之一。他的书法成就到底有多高？本小姐由于缺乏艺术修养，只能用钱来给读者们诠释，用钱来谈艺术，虽然俗气，但如果不谈钱，往往不能清楚说明问题。

宋徽宗的《临唐怀素圣母帖》在 2008 年以 1.28 亿元港币的价格成交。2012 年，一件宋徽宗的瘦金体《千字文》的书法作品拍出 1.4 亿元人民币的天价。宋徽宗下笔生金，而这瘦金体便是他独步天下的资本。

他的命运虽说是咎由自取，但一样引得后人无限同情。不得不说，金人真是没远见，抓到这么一个人，还不好好供着他，让他多活些年，太上皇御笔瘦金体能卖多少钱啊？

可惜了这瘦金体，本是笑傲江湖加独孤求败的气质，可宋徽宗被俘虏到了北国后，除了用它写降书就是写谢恩表，可以想象，他跪在冰冷的地上，手臂冻得发抖，瘦金体走了样。他的瘦金体本是金枝玉叶，哪里受得了这般苦寒与蛮荒？

都说再无后人能仿出瘦金体的神韵，也许后人多少耻于模仿瘦金体。风雅又如何？少了气节，倒不如岳母刺字，谈不上书法艺术，可人家写的是"精忠报国"。

与瘦金体齐名的，是宋徽宗的画。他无疑是中国美术史上的顶级大师。可惜本小姐对绘画艺术也是一窍不通，既无法给读者解读他高超的绘画技巧，也无法引导读者欣赏大师画作的意境，更不好意思再用"万恶的金钱"来衡量徽宗画作的艺术价值。但宋徽宗的画实在不能不提一下，这位画家皇帝不仅有登峰造极的丹青造诣，还首开皇家画院，培养了大批绘画人才。

★ ★ ★

大宋皇家野生动物园

都说这北京城，辽金元明清，五朝古都，八百年帝王气十足。住在北京时，本小姐也是常常四处闲逛。红墙黄瓦搭配七彩壁画似的斗拱，各种繁复的装饰，一股还珠格格的气息扑面而来。倒真是应了一句词：怎不忆江南？

江南灵秀，绿荫白墙黑瓦。乾隆爷喜好风雅，无疑是史上最著名的"忆江南"一族。他看腻了这京城的万般景致，一生中七下江南，留下风流故事无数，还是不能尽兴，于是以杭州西湖为蓝本在北京修建颐和园。虽是"东施效颦"，但皇家园林毕竟耗资巨大，气派不凡，每逢夏季，畅游颐和园，倒真是颇似江南。

除了这颐和园，北京还有一处江南气息的景致，便是北海公园的琼华岛，这琼华岛便是金海陵王的园林。金国的第四代皇帝海陵王完颜亮把都城从遥远的上京（今黑龙江阿城）迁到了北京（时称金中都）。海陵王汉化程度较高，为了进一步提升园林的档次，他下令将原北宋汴梁皇宫里的那些造型奇特的太湖石拆下，运往北京修建他自己的园林。时至今日，在北海公园白塔的北坡，依然可见到这些奇异精美的太湖石。

这些石头命运坎坷，生在太湖，由于造型奇特颇值得玩味，在北宋末年被徽宗看中，耗尽民脂民膏被运往汴梁。靖康之难后，汴梁易主，这些精美的太湖石又辗转北上来到了北京。这些宋宫遗物上存有大量炉甘石，炉甘石遇雨时，烟气袅绕，宛若仙境。今人有幸，雨中漫步琼华岛，凭吊一番，正可谓：往事如烟。

如烟往事，容本小姐慢慢道来。

宋徽宗是个不世出的书画家，艺术品位极高。只是光有品位不行，皇帝一定要有子嗣，可惜后妃们的肚子迟迟未见动静。一帮道士便开始为他出谋划策，他们告诉官家，皇宫东北角地势过低，不利于皇家子嗣。于是，官家开始在皇宫的东北角兴建皇家野生动物园"艮岳"。

"艮"字本就是八卦中的一卦，意为东北方向。为了迎合这位艺术家的品位，艮岳的主峰由太湖石堆成，高一百五十米，艮岳里所有的石头都从太湖运来。园林里栽满了各式的奇花异草，放养珍禽异兽。

说来也神奇，自从这皇家野生动物园建成，皇宫里的女人便纷纷怀孕。困扰有宋一代的皇帝无子问题，在徽宗一朝根本不成问题，徽宗皇帝光儿子就有三十多个，这不仅是大宋的奇迹，也是历朝历代难得一见的盛况。除了康熙爷，在生孩子这方面谁也不是宋徽宗的对手。

这些太湖石堆成的山中，放置了大量的雄黄与炉甘石，雄黄用来驱蛇虫，而炉甘石则是用来制造雨中烟雾缭绕的景象。大宋皇家野生动物园"艮岳"无疑是中国古典园林的典范之作，官家就是在这样的仙境之中，一边为帝国生育继承人，一边构思着他的下一幅画作。殊不知汴梁城里，百姓怨声载道，南有方腊起义，北有宋江起义，按照《水浒传》里的说法，一百零八好汉就是在此时被逼上了梁山。

★ ★ ★

皇家野生动物园引发的《水浒传》

关于《水浒传》最大的疑问便是这"浒"是什么意思，"水浒"又是什么意思，大多数的解释认为"浒"和"水浒"就是水边的意思。可这样一个名字似乎跟一众梁山好汉也沾不上边，于是各种深层次的解读纷纷出现，让人眼花缭乱，不明所以。

好笑的是，这史诗一般的巨作不仅让国人有这样的困扰，在被翻译成各国语言时也成了问题。《水浒传》十九世纪开始传入欧美，最早的德文译名是《强盗与士兵》，法文译名是《中国的勇士们》。

英文译本有多种，最早的译本定名为 *Water Margin*，是"水边"的意思，由于最贴近原名，这个译名往往被认为是标准译名。美国女作家赛珍珠在将它翻译成英文时就定名为 *All Men Are Brothers*，再翻译回中文即为《四海之内皆兄弟》。中国籍美国翻译家沙博理翻译的名字是 *Outlaws of the Marsh*，翻译回中文为《水泊好汉》。

《水浒传》是以宋人笔记《宣和遗事》为蓝本创作的小说。主要内容是北宋末年皇帝昏庸荒淫，奸臣把持朝政致使生灵涂炭，一众英雄好汉被逼上梁山的故事。《水浒传》中大部分人物为文学创作，但宋江确有其人，只是徽宗朝时的宋江起义远没有《水浒传》中所描写的规模。

引发宋江起义的便是这皇家野生动物园里的石头，从江南向汴梁运石头的船队时常沉没，且地方官吏还为非作歹，利用这些石头肆意盘剥。当时除了宋江起义，在太湖石搜刮最为严重的东南地区还爆发了方腊起义。《宋史》虽然指出方腊一伙为盗贼土匪，但亦暗示官逼民反的事实。

《水浒传》虽然为文学创作，但其无可置疑的影响力极大地破坏了大宋的名声，所以大宋因而不幸成了阶级压迫的典型。而事实上，有宋一代，并没有大规模的民变，也就是所谓的农民起义，阶级关系处理得相当好，就算在风雨飘摇的两宋交替之际，"群盗"也都被宽容政治收编，从《水浒传》的结局也能看出大宋招安的手段一流。在这一点上，无论是大汉、大唐还是大明都比不上，大宋虽然顶着积贫积弱的帽子，但并未亡于内。

★ ★ ★

通向青楼的地道

宋徽宗笃信道教，宠信道士。拿水银和贵重金属炼仙丹，一看就不是平民百姓干的事情。在一众妖道的蛊惑下，徽宗自封"教主道君皇帝"，开始了他如梦如幻的修炼过程。

道士们很给力，他们给皇帝推荐的修炼方式便是"取阴补阳"。取的阴最好是十六岁的处女，而取阴的场所当然要不类尘境，说到不类尘境，那非新建的皇家野生动物园莫属。徽宗一朝皇家野生动物园里的年轻女性超过万人，皇帝每隔五天至七天便要取阴补阳。皇帝在他自造的仙境里沉沦于声色犬马，但无疑也为这位不世出的艺术家提供了创作的灵感，他如梦如幻的画作和他的"艮岳"一样，足以让一整部中国美术史失色。

当然，皇家野生动物园里数以万计的年轻女性只停留在修炼层面，她们依然没能使道君皇帝放弃对爱情的追求。与兴建艮岳取阴补阳不同，对于爱情，他采用挖地道通妓院的方式来追求汴梁城的名妓李师师。

并刀如水，吴盐胜雪，纤手破新橙。锦幄初温，兽烟不断，相对坐调笙。

低声问向谁行宿，城上已三更。马滑霜浓，不如休去，直是少人行。

周邦彦是北宋的著名词人，婉约派之代表人物。

"婉约派"其实不带贬义，人类永恒的主题也无非是生命与爱情，婉约派正是特别专注于这两个题材。在道君皇帝之前，周邦彦便是李师师的相好，据说他的这首《少年游·并刀如水》写的便是道君皇帝和师师私会时的细节。

一日，师师已经约好了周邦彦，可谁知这道君皇帝突然从挖好的地道驾到，可能皇帝也知道以自己的身份去青楼实在有失体统。一时情急，周邦彦只能躲到了师师的床下。原来地方上有鲜橙进贡，道君皇帝不愿忍受吃独食的孤单寂寞，迫不及待带来给师师尝。于是便有了这词中的"纤手破新橙"。吃完橙后，便是"对坐调笙"，可见师师多才多艺，属于人见人爱型。不一会儿，夜深了，师师便说："今晚住在哪儿？天已经三更，马滑霜浓，路上都没有行人了。不如别回去了。"床底下的周邦彦听到这里估计是醋意大发，于是便有了这《少年游》的情深意切。

《少年游》一经填出，便风靡了汴梁的风月场所，自然被道君皇帝知晓。师师不敢隐瞒，只能交代出周邦彦。结果可怜的周邦彦便被贬出京城，可见道君皇帝对师师一片真心不假，但皇帝跟大臣为了名妓争风吃醋，这事在前代也是闻所未闻。

汴梁的落幕

汴梁的落幕不仅仅是汴梁的落幕，也是中原王朝的落幕。此后，经济中心南下，政治中心北上，文化中心南北兼有，而中原在此之后，似乎退出了政治历史的舞台。

"轻佻"一词再适合道君皇帝不过了。靖康之变北宋灭亡与他的"轻佻"也脱不了干系。道君皇帝执政十五年后，被称为金太祖的完颜阿骨打起兵反辽。辽经过百年和平与汉化，被金人打得毫无还手之力，江山社稷在不到十年间已经危若累卵。

这时候，大宋坐不住了。在艺术上，道君皇帝是个大家，但论外交，他尚处在小市侩式的智慧水平，他看到百年盟友辽快完了，收复燕云十六州的良机终于来了！没错，收复燕云十六州是有宋以来，列祖列宗不灭的梦想。对于中原政权来说，燕云十六州说多重要就有多重要，没有燕云十六州就跟房间没有门一样，强盗小偷想来就来想走就走。

于是，道君皇帝和他身边一群佞臣认为他们名垂青史的时候到了。由于宋金间隔着辽，陆路无法到达，所以道君皇帝派人走海路到达金境，签订了联金灭辽的海上之盟。

海上之盟规定宋金各自进军攻辽，其中金军攻取辽北部三京，宋军攻取辽的西京大同府（今山西大同）和南京析津府（今北京）。宋答应灭辽后，将原来澶渊之盟给辽的岁币转给金，金则答应将燕云十六州还宋。

从金的角度看海上之盟，女真人建立的金是一个新兴的民族政权，尚处在十分原始但彪悍的状态之下，他们当时并未与宋有过什么接触，估计只知道宋是中原大国，至于燕云十六州，反正本来也不是他们的，管他是谁的呢，能得到中原大国相助，每年还有一大笔钱拿，有什么不好呢？

从大宋的角度看海上之盟，燕云十六州终于可以收复了，家里终于可以装上门了。把原来给辽的钱给金，就当换了个兄弟。

但凡读过《三国演义》的人都知道，若要维持三国鼎立之势，一定是两个弱国联合对抗强国，一旦一个弱国被灭掉，另一个也就活不长了，所谓的唇亡齿寒说的就是这个道理。道君皇帝看不到这些，只知道，他即将功德圆满，完成列祖列宗的夙愿，或者他认为，金能灭辽，但灭不掉宋，毕竟中原大国，富甲天下。

富甲天下是没错，但大国弱军也是事实。宋军的虚弱在攻辽时已经显露无遗，根据海上之盟约定，辽的西京大同府和南京析津府应由宋军攻打。可这时大宋内部爆发了方腊起义，童贯不得不先去安内，等到几个月后搞定了方腊，西京大同府已经被金攻下。唯一剩下给大宋的便是南京析津府。

此时的辽已经是惊弓之鸟气数将尽，天祚帝已经逃得无影无踪，按照道君皇帝的理解，只要宋军兵临城下，南京将不攻自破。但留守南京的一万辽军竟然把童贯带来的十五万宋军打得惨败。童贯整军再攻，始终未能攻下南京城且死伤无数。

万般无奈之下，童贯只能求助盟友金帮忙。而盟友到达南京城，这个辽最后的都城时，辽的守军连打都没有打就开门投降了。这时灭亡的是辽，但大宋也没有退路了。一个曾经共度百年的盟友已经彻底失去了，而一个新晋的盟友也已经彻底看清了大宋的虚弱与不堪一击。

不管怎样，大宋从新盟友那里赎回了已经被掏空的燕云十六州的大部分。道君皇帝完成了太祖太宗的夙愿，大宋仿佛沉浸在一种虚无缥缈的快感之中。而这种快感足以掩饰天朝上国背信弃义落井下石的不齿。

套用一句英国前首相帕麦斯顿的名言："没有永远的敌人，也没有永远的朋友，只有永远的利益。"他的这句话比他本人更出名，主要是因为作为堂堂英国首相，他竟然能如此赤裸裸地对民众讲出如此不堪的事实，让人想天真都不行。

宋辽交往，终凭利益与实力均衡。尊重、友谊、交流、平等与谈判始终是建立在实力对等的基础之上的，没有实力妄谈其他都是扯淡。现实很残酷，道理很简单，明白了这一点，史书浅显易懂。宋辽百年和好最根本的原因就是实力均衡，说白了谁也干不掉谁，只能一起过。

常言道利欲熏心，有着燕云十六州情结的道君皇帝便是被这眼前的巨大利益与功绩蒙了眼，熏了心。但他决定联金灭辽时，还是有许多大臣持反对意见的。在道义层面有人说：邻居家进强盗了，我们礼仪之邦不救也就算了，还趁火打劫，这是人做的事吗？不怕有报应吗？在利害关系层面有人讲得更在理：辽契丹族虽是夷狄，但一百多年来已经汉化了不少，跟我们天朝上国学了一些，也是懂得礼义廉耻的。但今女真刚悍善战，连辽这种半夷狄都打不过他们，我们怎么可能是他们的对手？

果然，辽一灭，报应跟着就来了。

★ ★ ★

联金灭辽的报应来得太快，就在 1125 年，也就是辽灭亡当年，金军便南下开始攻宋了。这大宋的军队连日落西山的辽都打不赢，战况可想而知。金军一路南下如入无人之境，不日便直抵北宋都城汴梁。

金军开战的理由也并非牵强。海上之盟明文规定双方不得招降纳叛。辽最南边的土地上生活的都是汉人，这些人一百年来生活在辽，视辽为母国。当母国灭亡时，他们当然不愿被"茹毛饮血"的金人统治，纷纷南逃去心理、文化和血缘上的另一个母国也就是大宋。对这些南逃的辽地汉人，大宋一概接收，但金灭了辽，辽土地上的人本应该归金所有，于是派人索要。大宋在这一点上人心尽失，金人要活的给送回去活的，要死的给送回去死的。

这无疑导致辽地的汉人对大宋恨之入骨，更要命的是，由于大宋背叛百年之盟，辽地的契丹人更是视大宋为不共戴天的仇人。这些苦大仇深的人不分彼此，纷纷加入金军南下攻宋。

就在这生死存亡的关头，道君皇帝果断做出了南下镇江为国烧香祈福的决定并在此时退位，将皇位传于太子，也就是宋钦宗，北宋最后一位皇帝。靖康便是宋钦宗的年号，仅有两年。据说，宋钦宗不肯在金军逼近时继位，接到传位圣旨后哭晕了过去，就在昏迷的状态下被强行披上黄袍继了位。这样，道君太上皇可以理直气壮地南下镇江，为国祈福了。

还好不是所有人都选择在大敌当前时逃跑，总有人挺身于危难之间，太常少卿李纲便在此时动员汴梁全城军民，组织了第一次东京保卫战。汴梁城是当时世界第一大城市，虽无险要可守，但城墙高大坚固，内有人口上百万。金军绝对不超过八万人，且混杂了大量的汉人与契丹人，就凭这八万人，说真的，都没有办法把硕大的汴梁城围上一圈。久攻不下后，宋金议和。这金军不枉南下一场，他们第一次见识到了繁华的都市，于是狮子大开口，索要500万两黄金，5000万两白银，牲口一批，割让太原等三镇，以宰相亲王为人质。

这宋朝挖地三尺也拿不出这么多钱啊，倒是人质给得爽快。人质宰相为张邦昌，而人质亲王就是道君太上皇第九子，宋钦宗之弟，将来南宋的第一位皇帝宋高宗，当时年仅十九岁的康王赵构。南宋立国时，他是典型的逃跑派，但此时的他却是意气风发，自愿为人质前往金地救国于危难。他这一英雄举动为他迎来一片赞誉之声，当然也阴差阳错地让他躲过了靖康之变。唯有他的母亲，万年不得宠的韦氏，由于儿子的英勇行为获封韦贤妃，在后宫哭得死去活来，是啊，她就这一个儿子，而道君皇帝有三十多个儿子，为什么偏偏他要去虎狼金营？

可命运的奇特就在这里，置之死地而后生。

第一次东京保卫战成功后，宋金议和，宋钦宗为了能把金军请走，什么条件都答应。但500万两黄金、

5000万两白银这个数目是永远也凑不够的。反正金军已经走了，汴梁安全了，钱是身外之物，一切可以慢慢来。

这个时候，去镇江烧香祈福的太上皇回来了。这位退休皇帝在避走江南时受到当地官员的怠慢，心里很是郁闷。回到汴梁之后，他更郁闷，新皇帝显然已经上手，而他作为太上皇此时显得碍手碍脚。后来，宋钦宗为了防止他再下江南另立朝廷，竟然在宫里将他软禁了起来，直至靖康之变他被俘北上。

由于赔款与割地未曾交付，仅半年之后金军第二次南下攻宋。虽然金军此次来势凶猛，但跟大宋比起来毕竟人数有限，又孤军深入。而汴梁城作为北宋的都城，其坚固程度在冷兵器时代可以称得上是无法攻陷的。在汴梁陷落一百多年后，金人依然在用北宋汴梁的城墙阻挡蒙古人的攻击。

与其说北宋亡于金不如说北宋亡于朝廷昏庸，人心溃散。

靖康元年（1126）八月，金军南下，宋军竟无人把守黄河，八月黄河还远未到上冻之时，若守住黄河，金人是绝不可能用小船慢慢悠悠把兵马运过黄河的。难怪金军过河后大笑："南朝可谓无人矣！"

第一次东京保卫战的功臣李纲此时已被撤换，投降派占了上风。但金军真正兵临城下时，宋钦宗竟然起用了一个自称能靠作法赶走金军的术士郭京。这宋钦宗也不愧为道君皇帝的嫡长子，竟让七千七百七十七名"神兵"在两军激战时，打开城门，出城作法……写到这里，读者们千万不要笑，这种愚昧在我们的历史上一而再、再而三地发生，近代最著名的便是清朝的义和团了。他们声称喝下烧了符的水便能刀枪不入，这似乎跟北宋的"神兵"毫无不同。

　　汴梁一世繁华，竟会在这般愚昧的闹剧中落幕，此后，汴梁似乎退出了政治历史的舞台。

行在：背海立国的耻辱与坚毅

南宋要打仗，打仗需要钱，钱从哪儿来？从海上贸易来。中原经济已经没了，就算有，那点农业税也不够支撑旷日持久的战争。靠海赚钱是其一，其二便是海上跑路逃命了。钱和命都靠着海，是为背海立国。

这世上可有风景胜过西湖？可有城市美过杭州？

杭州曾有个颇为尴尬的名字：临安。临安本是五代十国时期吴越王钱镠的故乡，位于浙江省的西北部，与杭州相邻，没有"临时安全"的含义。宋高宗在1129 年，为了纪念吴越王献土有功，特将杭州升格为临安府，此后"临安"被渐渐赋予了偏安、苟且、逃避的含义。

后世一提到杭州或临安府，便认为其为南宋都城，但并非如此。南渡后的朝廷始终没有承认其都城的地位。自始至终，临安府都是行都，朝廷的"行所在"，当时更为普遍的称呼就是"行在"。马可·波罗曾到过已经归元后的杭州，在他的游记里，杭州依然被称为"Quinsay"，即为"行在"一词的音译。为什么事实上的都城长期被称为"行在"呢？

容本小姐说来。宋就是宋，本没有北南之分。960年，太祖陈桥兵变，黄袍加身，代周立宋，何时曾称呼自己为北宋？天下都是赵家的，哪有什么北或南？太祖当年取国号为"宋"，也是因为他自己曾在宋州（今河南商丘）被后周册立为归德军节度使。太祖立宋后，将宋州视为龙兴之地，升格为应天府，陪都级别。靖康之变后，南宋虽偏安江南，但为了彰显自己的合法与正统，更不可能称呼自己为南宋。所谓的北南，都是后世为了区分方便而为之。

临安府的情况一样。对当时的人来说，宋就是宋，没有南北，宋的都城在汴梁（今河南开封），后来被迫南渡了，临安府就是行在，皇帝以此表明他还都汴梁的决心不变。虽然行为完全与之相反，但皇帝保留返回国都恢复故土的夙愿总是没错的。

再说杭州，这临安府也确实没有个都城的样子。中国古代的都城，年代久远的参考长安、洛阳，年代近的参考北京，平面均为类正方形，有南北中轴线，皇宫位于中轴线上。皇帝背北面南。可临安呢？风月无边的西湖位于城北，凤凰山位于城南，皇帝的大内建在凤凰山上，靠南面北，至于江河湖海形状就更不用提了。皇帝选择在此落脚，主战派当然极其愤慨，他们一贯主张将行在设在南京或武昌。南京或武昌直面长江，以前线为行在，至少还有点北望中原的姿态。

杭州则完全位于长江以南，湖光山色间，就怕这"山外青山楼外楼"消磨了皇帝恢复中原的意志。

若抛开西湖的风月，从军事、政治与经济层面来看，定都临安完全体现了南宋背海立国的策略，而这一背海立国的策略绝对是南宋的独门绝技，在中国历史上之前没有，之后也没有。

正因为背海，有随时跑路与金钱的需要，使造船术与海外贸易在南宋达到顶峰，从某种程度上来说，南宋是中国历史上第一个也是唯一一个有海洋观念的王朝。当然，南宋也是被现实逼出来的，因为那些农业税根本不足以维持旷日持久的战争。

从经济上看，经过安史之乱和五代十国，经济中心已经南移，长江流域已经相当繁华，再经过北宋，已有"苏湖熟，天下足"的说法，总之太湖区域已经成为经济最强之区域。这一区域从地理上看，不但物产丰，副产品多，工艺水平也是全国一流。物流上，既沿江又沿海，贸易的兴盛使城市不断扩展。南宋将核心设在此处也是退守到最强的经济基地，以太湖区域作核心，以整个东南靠海地区为根本，向西来控制住长江以南的广大内陆区域。

这样的地理架构足以颠覆我们对于中国的理解。我们印象中的中国，都是坐北朝南或居南望北的。但说到南宋，我们必须从海上向陆地来看，杭州附近是核心地区，海是其退路，杭州一面是太湖和长江下游的富庶区域，一面是浙东山区，这大概就解释了定都杭州的地理优势。

★ ★ ★

南宋在战火纷飞中立国，军事自然是其第一大考虑。按照防御需要，可划分为这样几个区域。核心区域便是今天的安徽南部、江苏、浙江和福建。除了核心区域外，还有几个重要的防御区域。

首先便是淮河地区，虽然在经济上不如东南沿海，但地势起伏、湖泊纵横，对骑兵不利，使金人不敢轻举妄动。

另一重要的防御区域就是襄阳地区，岳飞便在此处抗金。襄阳在长江中游，向东可以与淮河区域联防，向西可以衔接陕西、四川，向南则护卫南宋最广阔的一片腹地，这片腹地从湖北经江西和湖南，一直到广东和广西，富裕程度不如闽浙地区。

从襄阳再往西，便是川陕区域。南宋的陕，其实仅指陕南，陕西被秦岭山脉一分为二，称为陕南和陕北，由于秦岭是中国的南北分界线，所以陕西南北差异颇大。陕南一方面可以通襄阳，一方面又是四川的前卫，当然四川盆地才是最为重要的，天府之国嘛！由于其隔绝的地理位置，从南北朝开始，经过唐朝和前后蜀，四川都没有经历过类似中原的大乱，北宋时更是蓬勃发展。到了南宋，情况有些微妙。南宋背海立国，四川离国都最远，十分重要但又不好控制。实际上，蜀地基本上是由本地人管理，先是吴玠兄弟长期镇守，吴家后人吴曦最终叛变。之后，南宋朝廷不得不严密提防。

中国的地域歧视向来是个传统，在南宋时颇为明显。由于四川太远，可以单独举行科举考试，但四川人考中后若要去东南核心区域做官，有严格的名额限制，甚至不允许四川人担任负责治安的职位。若要在四川和陕南做官，四川人更是不能出任本地的知州或通判。以统一国家的眼光看这种对于四川的歧视与提防简直令人发指，但这也恰恰说明了，蜀地在南宋是一个特殊行政区域，区别对待是有现实考虑的。就在这样的歧视下，蜀地的钓鱼城都能在南宋朝廷灭亡后拒不降元，以本小姐的心胸觉得实在不容易理解。

如果明白了南宋这三个防御区域，那么对宋金战争与宋元战争就十分容易理解了。金打南宋主要集中在淮河区域与襄阳区域，川陕区域亦有涉及，但并非主力；加之南渡之际，当时镇守四川的吴玠兄弟十分得力，被认为武功不输岳飞。所以金军三路均未得手。

而元灭宋则吸取了金人的经验，完全不进攻淮河区域，而是选择打襄阳区域。《射雕英雄传》里的郭靖为什么死守襄阳，原因就在于此。第一次打襄阳没有得手，继而采取了弧形大迂回策略，转去攻打四川地区和大理，从云南北上进入湖南、湖北等南宋内陆腹地，因而襄阳后方不稳。第二次攻打襄阳时，围城五年，襄阳吕文焕一降，则南宋大势已去。投降的南宋水师顺流东下，南宋核心区域江浙、福建很快不保，剩下的皇族逃往广东沿海，但谁都知道岭南是无法长久支撑的，全境沦陷只是一个时间问题。

通过南宋的几大区域亦能解释今日中国的一些方言问题，例如为什么四川、贵州、云南三省地处西南却讲着北方语系。假设一个人能讲普通话（也称官话，英文为Mandarin），那么他听懂云贵川三省的方言毫不费力，但对于东南地区的方言却如同外语一般，例如浙江话、闽南话、广东话。

事实上，辽金元长期统治下的北方汉地语言也就是北方话（相当于今日的普通话）是胡化的近代汉语，满蒙音大量混入其中。而南宋控制下的区域则保留了汉族的近代汉语，由于南宋又是背海立国，其政权的核心部位处于东南沿海，因此这一地区是保留近代汉语最多的地方，今天的闽南话与粤语都被认为是最为接近近代汉语的现代汉语。而云贵川离南宋核心区域最远，又最先被元军征服而推行北方官话，这就解释了为什么西南地区的方言更接近北方官话，越往东南则口音距北方官话越远。

　　随着南宋都城的转移，领导层的士大夫精英们亦大量转移至东南沿海。南宋的高官多出自浙江、福建两地。宋高宗虽然出生在开封，但其母亲实为浙江人，在宋徽宗子嗣众多的情况下，高宗母子均不得宠，对父亲疏离甚至怨恨是在所难免的，在他小的时候，徽宗就称他是"浙脸"。在此背景之下，他与江浙一带亲近也是肯定的。

　　高宗无子，他的做法是就近选择江浙一带的太祖后裔来继承王位。所以南宋的皇帝从宋孝宗起都是在杭州与绍兴两地长大的，这与北宋皇帝长于中原开封有着天壤之别。

　　江南山清水秀，南宋由于官位较少，文人士大夫大量扎根乡土，广置家产，教育后人，所以地方的繁荣、宗族的兴起大多始于南宋，南宋核心区域江南一带更是文风极盛，明清科举的大户均在江南，而江南在经济文化上的优势一直延续到今时今日。可以说，南宋以降，中国舍江南而无其他。

　　这便是南宋，背海立国的耻辱与坚毅，半壁河山的苟且与辉煌。

从建炎到绍兴：
以一种逃跑的方式再造大宋

在金人的追捕下，赵构曾经漂泊海上数月，危难的时候，曾经靠自己的女人戎装守卫。谁能想到，他十九岁时，告别母亲，自愿赴金营为人质，并且留下一句："若朝廷有动兵的机会，勿以一亲王为念。"

后世对赵构的成见颇深，似乎已经把他钉在了耻辱柱上，尽管有相当部分的史学家认为他功大于过。

赵构是一个苟且偷生的男人，极度畏敌，曾被金军追到在海上漂流四个月之久。上元节时也不敢下船登陆，两艘路过的商船都把他吓得不轻。还好他跑路时不忘带着钱，买下了两船的橘子慰劳将士。君臣们吃完后用橘皮点灯，上元节夜里，海波不惊，一时间，月光下，海面上灯光点点漂向陆地。有人写道：

> 风息浪静，水波不兴，有数万点火珠，
> 荧荧出没沧溟间。

他沉溺女色，逃到扬州时白日行房，被金军的突

袭吓出了阳痿，此后他再未能生育。他陷入了极其可
悲的境地，行房靠药，无药无法行房，用药后又无法
生育。他一味逃跑、议和、割地、称臣，让他这一朝
都跟他一样带着阳痿的气质，萎靡不振。

后世虽恨其不争，但他最大的罪状莫过于杀害忠
良，这忠良便是岳飞。要知道，在后世看来，岳飞已
经不是人，而是被供在庙里的神。可是，这世上能有
多少人被供进庙里呢？大多数，如你我，都是人。

康王亦然。关于康王赵构，通常人们一提到他便
认为他是个主和派、投降派，贪生怕死之辈。但我们
其实忽略了，人性是不能用一两句话来定义的。

从他的身世看，他极度高贵却又极度卑微，本就
复杂的人性在他身上更是显得矛盾重重。他本是道君
皇帝宋徽宗的第九子，但道君皇帝有三十多个儿子，
再加上他生母韦氏的低贱出身，可以说，若非靖康之
变，皇位怎么也传不到他这里。

康王也曾有过年少气盛的时候。他十九岁时，告
别母亲，自愿赴金营为人质，并且留下一句："若朝廷
有动兵的机会，勿以一亲王为念。"这种从容赴死的英
雄举动为他在朝廷上下赢得了极高声誉，并加封节度
使衔。据说，他在金营里面不改色再加上小股宋军袭
营，以至于金将们怀疑他并非货真价实的亲王，要求
换徽宗最疼爱的儿子为人质。

1127 年，汴梁陷落前，金人才确定了康王的身份，再次要求康王前去金营谈判。但这次康王出城后，并没有前往金营，而是四处招募人马。

同年四月，夕阳西落，天边血迹斑斑。汴梁城破，徽钦二帝北行，史书幽默地称之为"二帝北狩"。当然随二帝北狩的还有所有在册的皇室宗亲。就这样，徽宗第九子，康王赵构成了漏网之鱼。

那一年，他刚刚二十岁。接下来的这三十五年，从靖康之变到他禅位于宋孝宗，成为太上皇——这是两宋交替时最惊心动魄、最波诡云谲的三十五年。他身无长技，仅靠着皇室血脉成为乱世绝对的主角。在他身边出现了南宋的中兴四将，其中就包括后来被他杀死的岳飞。

不管怎样，他们在逃跑与坚守中重建大宋于万劫不复之中。

★ ★ ★

宋高宗在位三十六年，前四年为建炎，意为重建火德。后三十二年为绍兴，意为绍祚中兴。建炎时期基本上都在颠沛流离，绍兴时期大致稳定了下来。

史上有许多次大规模的人口南迁，建炎南渡便是其中之一。造成这种大规模南迁的往往都是北方中原地区的战乱，典型的例子便是客家部落，他们就是汉族在南迁中形成的族群。

关于人口的南迁问题，学界有许多种说法，较为普遍的说法是最早期的大规模南迁发生在魏晋南北朝时期，历史上称其为"永嘉南渡"。第二次则是发生在唐玄宗安史之乱时。第三次就是发生于北宋末年的靖康之难后，史称"建炎南渡"。

靖康二年（1127），金军北归后，金朝的傀儡政权"皇帝"张邦昌将宋哲宗废掉的皇后孟氏迎入宫，尊为元祐皇后，自己则退位。孟氏曾遭遇两度废立，常住冷宫，最终却因为被废而躲过了靖康之难，塞翁失马焉知非福大概最能概括她的一生。张邦昌颇为地道，一心还政于宋室，但康王继位后为了平衡各方面利害关系还是处死了他，许多人都颇为感叹。

康王在向东逃亡时收到了张邦昌的传国玉玺，随即前往应天府（今河南商丘）即皇帝位，并改元"建炎"。时年公元 1127 年。

五德之说是战国时期的阴阳家邹衍所主张的历史观念，指的是木、火、土、金、水五行所代表的五种德性。五德终始说一直是历代王朝阐释其政权合法性的基本理论框架。五德周而复始循环运转，常常被用来为历史变迁、皇朝兴衰做解释。后来，皇帝常常自称"奉天承运皇帝"，当中所谓"承运"就是指五德终始说的德运。宋承自后周，后周为木德，所以宋为火德。

在本小姐看来，不论是五行还是五德，忽悠的成分非常大，五行不单单被用来解释王朝的更替，更被传统医学用来解释五脏六腑。现代科学也依然无法完全撼动这些牢不可破的理念。读者们若是不明白，完全没有必要刻意去弄明白，可以简单地理解为：人是一种奇怪而无聊的动物，人做了一件事，与此同时，人还要创造出一套理论来论证他做这件事情的合理性与正确性。五德就是这种理论。

通常来讲，新继位的皇帝为了表示对先皇的尊重，一般会在先皇驾崩后的第二年改元。但史上也有一些继位后不等第二年，而立刻改元的事例，建炎便是其中之一。靖康二年（1127），高宗赵构五月一日在应天府继位，即刻改元建炎，所以，1127年既是北宋靖康二年，又是南宋建炎元年。赵构急于改元的用意大概也是希望立刻与悲催的昨日告别，好走进新时代。

选择在应天府继位也有着特殊的用意。应天府虽然地理位置不重要，但确是宋太祖龙兴之地，是大宋的发源之地，选择在此继位，无疑是为了彰显其正统性与延续性。

的确，正统对于赵构来说太重要了。他虽然血统纯正，但他的皇位并不是来自先皇的册封，他的传国玉玺来自一个由金册封的异姓傀儡皇帝张邦昌，总是少了一份正统意味。更何况，先皇，也就是合理合法的皇帝宋钦宗，赵构的亲哥哥还活着，只是去"北狩"了。"要是他回来我该怎么办？"这大概成了赵构一辈子的心魔。

金人在南宋建炎初年的政策非常明确，就是要趁着南宋朝廷立足未稳，捉拿赵构。继而扶植听命于金的傀儡政权来统治中原地区。赵构继位后便不停地向南逃跑，也许他是害怕重蹈父兄的覆辙，不管怎样他的及时撤退政策保住了自己的命。

关于他逃跑的故事，最出名的要数"泥马渡康王"了。与许多神乎其神的历史传说一样，"泥马渡康王"也有许多不同的版本，内容完全没有必要深究，无非是康王即便是逃跑也是在神灵的关照下逃跑。赵构在金军的一次突袭下仓皇渡江，而驮他过江的马在过江后变成了一尊泥马。这种旨在遮丑的故事八成出自赵构的宣传团队。

赵构的逃亡路可谓惊心动魄。

建炎三年（1129）二月，金军突袭扬州，这大概是对赵构刺激最大的一次。据说他接到紧急战报时正在寝宫行房，惊吓过度使他丧失了生育能力，而此时他年仅二十二岁。

赵构一行从扬州逃到杭州，三月就爆发了"苗刘兵变"，五月被平定。七月赵构升杭州为临安府，与此同时，金军再次南侵直指临安府。十月赵构逃到越州（今浙江绍兴），十一月逃到明州（今浙江宁波），十二月南宋朝廷决定上船海上避乱。建炎四年（1130）正月，明州被金军攻陷，金军决定入海追击赵构，但康王此时是真有神助，金军遇到了风暴，被宋军击败。次年二月，金军北返，赵构随后登陆回到越州。

1131 年，赵构在越州改元绍兴，意为"绍祚中兴"。绍兴作为地名（鲁迅的家乡）更为出名，但绍兴一词源于宋高宗的年号，从此之后，这个年号成了越州的名字。

绍兴二年（1132），赵构把朝廷迁回临安府。

自此建炎南渡已经结束，或许称之为建炎南逃会更为恰当一些，不管怎样，南宋算是站稳了脚跟，开始绍祚中兴，宋金对峙初显雏形。

★ ★ ★

上述部分只是简单地回顾了一下赵构逃跑与落脚的过程，当然在完全失去秩序的乱世中再造中兴，其艰难程度不亚于新建一个政权，里面还有许许多多的技巧。这些技巧在特殊时期非常管用，稳定之后，技巧慢慢成了一种政治传统，其实是一场得不偿失的胜利。

到底是使用了哪些技巧来稳定残局呢？

第一个手段是树立忠君和正统的观念。统治需要精英阶层，在当时就是得到士大夫阶层的支持。两宋时期的士大夫，都是儒学出身，一定是有忠君与正统的观念的。靖康之难，汴梁城破，虽然殉国的少，但真心实意为金人服务的也不多，多数人无非是被逼无奈，勉强为之。高宗赵构继位后，也明白他的号召力未必够，所以抬出了宋哲宗被废掉的前皇后元祐皇后，尊为皇太后。光是元祐二字就可以拉拢一批旧法党的人物。可拉拢旧法党并不代表摒弃新法党，在高宗自己尚未站稳时，他谁都不能得罪。

这便引出第二个手段：兼容并蓄。新法党强兵无方，但富国有术。新法党有一批财务官僚，这在危急时刻是极其有用的。婴儿时期的新政权不能没有钱，打仗更是不能没有钱，光有忠君正统观念还不足以让士大夫们效忠，兼容并蓄也是用钱作为基础的。高宗从起兵开始一直到在江南站稳，靠的都是财务官僚。那些善于理财的官僚，才能给予朝廷不断的支持。当时安抚川陕的张浚也是一样，他其实就是负责四川的财政，以钱来维持陕南前线，没有钱什么都不要谈。

而后坚决执行第三个手段：理财理财理财！南宋一朝重税，税不重养不活朝廷，无法维持长期稳定。南宋理财的钱养着好多士大夫，光有忠君的观念是不够的，钱不能少上缴一毫。这种统治技巧其实就是施小惠以防大乱。

再来就是南宋著名的招安政策。招安政策是购买归顺的策略，更是少不了钱。想必看过《水浒传》的人都知道什么叫招安吧！南宋中兴的兵主要来源不是平民而是盗贼，别看南宋的军队叫忠义军，其实忠义军就是盗贼。为什么用盗贼？盗贼才有战斗力！如何收编控制盗贼呢？手法便是招安！招安是安内攘外，南宋朝廷得以喘息的终极绝招。因为招安既可以消灭盗贼也可以巩固国防。怎么招安呢？方法很简单，就是对这些盗贼集团的头目进行威胁利诱。若是接受招安改编，成为正式的军队，既有官职也有军饷，对于盗贼头目来说简直是名利双收。若不接受招安，也很简单，就在盗贼集团内搞离间分化，使一部分盗贼归顺，再利用他们消灭负隅顽抗的。利用这种方法，南宋初期大多数盗寇集团都逐渐归顺朝廷。但招安来的军队，朝廷到底是不放心的，怎么做呢？把这些军队化整为零，拆散并安排在不同驻防地，并更换头目。招安群盗后，又使得中兴四将的势力大增，四将（韩世忠、张俊、岳飞、刘光世）各有五万军队；而御前只有三万军队，怎么办呢？

这便又有一绝招：控制将领。南宋初期，为了应付群盗蜂起，朝廷不得不纵容将领，允许他们就地割据、就地抽税、贩卖货物。外有强敌，内有盗贼，不纵容这些将领也没有办法，高宗一直忍着，直到讲和有了眉目，才开始动手解除大将们的兵权。通俗点来讲，这种策略就是先用大鱼吃小鱼，再把大鱼一锅端了。高宗解除将领的兵权也是走的钱财赎买路线，有宋一代，从太祖杯酒释兵权开始都是如此，可谓祖传秘籍。在解除大将们军权时，大将们都被授予了高官厚禄或经济特权以为补偿，而接盘军队的副将们也因为自己地位的提高而未表示异议。唯一的不满之声，来自岳家军，这也许就是岳飞后来被杀的伏笔之一。

总而言之，这些方法也许有些见不得人，但也不乏包容的一面。南宋初年，从建炎到绍兴就是这样过来的。很难相信，狼狈如南宋，就这样一个苟且偷生的朝代自从站稳脚跟后就再也没有内乱，一百多年来竟然没有大规模的反叛与起义；相反，刚柔并济的包容政策使南宋的凝聚力相当强。大一统的朝代，如汉如唐都做不到。只能说，万般皆是命，那些不亡于外的王朝亡于内，一个不亡于内的朝代亡于外。

岳飞：青山有幸埋忠骨

他不懂他的屈辱求和，他不懂他的雪耻靖康！他不懂他的偏安江南，他不懂他的还都汴梁！他不懂他的偷生苟且，他不懂他的义薄云天！燕雀安知鸿鹄志，白天不懂夜的黑！

由于工作原因，本小姐曾多次前往泉州，每次去必定在关岳庙附近流连忘返。关岳庙位于泉州市鲤城区涂门街，在文庙与清净寺旁边。关岳庙香火鼎盛，堂里各式的砖石与木雕都被熏黑，连正上方的"鼎汉立宋"牌坊不仔细看都看不清楚。

泉州关岳庙主祀关圣帝君（关公），陪祀岳王（岳飞）。可见，关公与岳王在地位上是有差别的。关公信仰在民间远胜于岳王，几乎有华人的地方就有关公祭祀，岳王庙的普及程度还是逊色不少。这两位武圣人为何会有这样的高下之分？

有一种较为可信的说法是关公信仰其实在清朝统治之前就已经发扬光大。关公信仰始于南北朝时期，随着历朝历代对关公崇拜的不断加深，关公逐渐成为保护商贾的武财神。宣和五年（1123），宋徽宗又加封关羽为"义勇武安王"，可以说，关羽是岳飞的资深前辈。

后世祭拜岳王将他视为圣人，因为他有勇有谋，刚直不阿，精忠报国。千百年后，他对南宋的现实功绩早就随着岁月烟消云散，但他在抗金过程中所展现的气节与操守，作为人性最光辉的一面被保留了下来。

岳王在人间绝对是一股逆世清流，他被人供进庙里成为神，主要是因为这人间也容不下他。与杨家将一样，我们今天所知的岳飞的故事也包含了许多演绎的成分，与历史上真实的岳飞存在相当的差距。

许多人的印象里，岳飞的主要功绩在于抗金，但实际上，岳飞的许多战绩特别是他早期的战绩都是来自镇压流寇集团与各种农民武装。岳家军就是通过对流寇的招降与改编日益壮大的。最典型的事例就是南宋初期坚持了六年之久的钟相、杨幺起义，被岳飞打败后，其中五六万少壮都被编入岳家军。

令岳飞一战成名的就是与伪齐政权进行的战争。伪齐是金为统治原北宋中原地区所培植的傀儡政权。绍兴四年（1134），岳飞在与伪齐的战争中收复了襄汉六郡，因功被封清远军节度使，成为"中兴四将"之一。

从今日看，"中兴四将"中最有名的便是岳飞了，但实际上，岳飞是"中兴四将"中资历最浅的。他比其他三将（韩世忠、张俊、刘光世）都要小十岁以上，当然他是后起之秀，又因战功与威名盖过其他将领，自然少不了被羡慕嫉妒恨。

绍兴十年（1140），岳飞抗金取得了最大的胜利"郾城大捷"，而此处距北宋故都汴梁已经是近在咫尺，恢复故都指日可待。《宋史》记录在册的岳飞名句"直抵黄龙府，与诸君痛饮"，大概是这个萎靡不振的时代的最强音了。可就是在此时，赵构与秦桧为了确保求和路线，连下十二道金牌令岳飞班师。

十年之功，废于一旦。绍兴十二年（1142），岳飞被处死。罪名就是大家熟知的"莫须有"。

许多人认为是秦桧与宋高宗赵构勾结害死了岳飞。高宗是皇帝不方便下跪，所以秦桧替他跪在了杭州岳王庙的门口。清朝乾隆年间的状元秦大士有名言："人自宋后羞名桧，我到坟前愧姓秦。"可见民间对害死岳飞的秦桧恨之入骨。在害死岳飞这件事上，宋高宗与秦桧确实各怀鬼胎然后勾结在一起。

秦桧是一意主和的，宋金议和时，宋军占了军事优势。而这种大好形势是岳飞在前线得来的，对金人来说，不除掉岳飞无法议和。事实是，宋金的绍兴和议签署于岳飞被害时，学界有说法"处死岳飞"是绍兴和议未见于纸的条款之一。但杀大臣是违反赵宋祖宗家法的，赵构为何要冒天下之大不韪呢？

岳飞性格耿直，他在绍兴七年（1137）时，曾经因为不满高宗在淮西军队交予他节制的问题上出尔反尔，一气之下，上了庐山给母亲守孝。那时抗金形势严峻，高宗无奈只好忍了，派人上庐山把岳飞请下了山。虽然后来岳飞请罪，但高宗显然记恨在心，视他的这次举动为"要挟君主"。

另一件事则是岳飞曾向高宗建议立太子。君主制度下，立储君是极其敏感的事情。对于武将来说，更是天大的忌讳。因为武将握有兵权，若与太子或可能的太子结党对皇帝都是极大的威胁。再加上，高宗虽然已领养宗族子弟为皇子，但他总心怀侥幸，认为能生出儿子。这其实也是他迟迟不立太子的原因。

此外，岳飞一心北伐中原，还都汴梁，要迎回二帝，可迎回二帝后，这当今皇上往哪儿搁？说到底，坐在皇位上的人，只关心他屁股底下的这把椅子。岳飞太不识相，高宗最终决定痛下杀手并且从未后悔，岳飞的平反是到孝宗一朝才定盘的。

岳飞的刚烈忠心耿直与官场政治格格不入，一个才华横溢且信念坚定的人必定有他的个性，过于专注于抱负与理想，可能并不会想到如何去迎合上级的需要，又或许也以之为耻。

所以，他过早地离开了这人世，成了神，住进了庙里。

岳飞：故乡有他的影子

大江东去，一边是江汉关，一边是黄鹤楼，这就是本小姐心中故乡的样子。后来无论去到何处，也无论见过多美的风景，我都只不过是在寻找它的影子罢了。

武汉基本上是个近现代词，1927 年 1 月 1 日，北伐中的国民政府取得阶段性胜利，国民政府从广州大元帅府迁往汉口南洋大楼办公。国民政府将武昌、汉口、汉阳三镇合为京兆区，定名武汉，作为临时首都。这是有史以来，第一次出现武汉一词。今天，武汉国民政府遗址（南洋大楼）保存完好，已成为国家重点文物保护单位，位于今日汉口六渡桥附近。

与许多历史悠久的大城市不同，武汉得名于近现代。而在此之前，没有武汉一说，只有汉口、武昌、汉阳三镇。第二次鸦片战争后，清政府与列强签订的《天津条约》中，汉口被列为通商口岸，这也就是为什么我们今天可以在汉口江滩看到极具规模的外国租界区，而这种景观在对岸的武昌却完全没有。

武汉长江大桥建成于 1957 年，新中国成立已经有八个年头了。从这之后，三镇才有了真正意义上的同城趋势与概念。

武昌一词有"以武治国而昌"之意，它倒也真没辜负这个名字。辛亥革命时武昌首义，倒真是武力推翻帝制的第一枪，"武"是有了，但之后是否"昌"还有待观察。其实"武昌"之名始于三国初，孙权为了与刘备夺荆州，于221年把都城从建业（今江苏南京）迁至鄂县（今湖北鄂州），并更名"武昌"，所以三国时的武昌其实是指鄂州，并不是今日之武昌。而到了两宋时期，今日之武昌又被称为"鄂州"。

今日武昌位于长江之南，与江北之汉口隔江对望。近现代之前，很难说它们是一个城市，因为它们中间隔有长江，毛泽东在《水调歌头》中称其为天堑。正因为天堑所在，岳家军便在长江以南的鄂州（今湖北武昌）驻兵抗金长达八年之久。可以说，当时的鄂州正是岳飞抗金的最前线，岳飞以此为大本营北伐中原。若留意今日的武昌，依旧能发现一些岳飞与岳家军的痕迹。岳家嘴便是当年的屯兵地，又传说洪山寺的第一株松树便是岳飞亲手植下的，故得名"岳松"。洪山寺后来屡毁屡建，今日仍存，名宝通禅寺。

乾道六年（1170），岳飞平反后的第一座岳王庙落成于鄂州（今湖北武昌）他曾经驻军的地方，孝宗皇帝御赐"忠烈庙"为匾额，位置约在今湖北武汉市武昌区司门口一带，无建筑或遗址可考。到了宋宁宗年间，岳飞加封鄂王。史上虽然也有其他人获得鄂王封号，但似乎后世一提到鄂王，还是首先标注岳飞。

武昌标志性的建筑非黄鹤楼莫属。本小姐年轻时曾与闺蜜搭乘轮渡在两岸往返。当时，黄鹤楼格外显眼，现如今江景房成群，想在轮渡上看到黄鹤楼还要找对角度，无奈之下只能在黄鹤楼香烟盒上找找感觉。

对于这座盛极于唐朝的黄鹤楼，岳飞作为一代武将，也不能免俗，同文人墨客们一样，登楼凭吊，写下了这首《满江红·登黄鹤楼有感》：

> 遥望中原，荒烟外、许多城郭。想当年，花遮柳护，凤楼龙阁。万岁山前珠翠绕，蓬壶殿里笙歌作。到而今，铁骑满郊畿，风尘恶。

> 兵安在？膏锋锷；民安在？填沟壑。叹江山如故，千村寥落。何日请缨提锐旅，一鞭直渡清河洛。却归来，再续汉阳游，骑黄鹤。

岳飞的本意是要挥鞭渡过长江，收复中原，然后归来重游黄鹤楼，以续今日之游兴。可英雄失意，造

化弄人，他既未能收复中原，又未能归来，再续游兴，
骑黄鹤了。

韩世忠：史书上的英雄，世上的神仙

夕阳西沉，将军卸甲归田，闭门谢客，停舟于西湖间。昼有茶，夜有酒，要中原何用？中原兵荒马乱，哪里有这等湖光山色？他生逢乱世，却有万幸，既当了一回史书上的英雄，又做了一把世上的神仙。

休提靖康，休提二圣，休提恢复。

南宋初年虽无恢复之君，但无妨恢复之将频出。时势造出了"中兴四将"，但后世许多评论却认为所谓的"中兴四将"名不副实。其中的刘光世只会逃跑，誉为"中兴四将"实属滥竽充数。当然，后人非当事人亦非当时人，怎么评论都有点马后炮的感觉。在那个天崩地裂的时刻，无论是撑起一片天的人，还是能集结部众逃命的人都有其过人之处。只能说"敌进我退"是一种军事战略，古人不也说三十六计走为上吗？而张俊与秦桧勾结陷害忠良，以及他的求和路线显得更加德不配位，那么"中兴四将"除了岳飞，剩下的也就只有韩世忠了。

真正保住南宋半壁江山功劳最大的武将有三：韩世忠、岳飞、吴玠。韩世忠守住了江淮，岳飞守住了鄂州，吴玠守住了川陕，南宋这才活了下来。

世人对于"中兴四将"与南宋抗金其实还有一些误读。首先，关于金人的一些误读。金人，女真族，他们在短时间内崛起于辽境内，来自今日的东北地区。金人在当时看来虽然还是刚刚脱离野蛮状态不久，但他们攻占北宋都城汴梁后并没有屠城，他们的做法是接管控制汴梁城，向宋皇室索要巨额财富、女人，以及把各种能带走的东西一律带走，而出面索要的工作都由宋朝的官员来做。

金人受自身的文化与发展水平所限，在当时并不足以有效控制和统治他们所征服的北宋区域。道理很简单，如果你一直住帐篷里，就很难在短期内学会管理和经营一家五星级酒店。所以，金人采取了简单粗暴的办法，在原北宋境内扶植傀儡政权，也就是代理人。他们让宋朝的文武百官推选异姓皇帝，推选不出将会屠城。威逼之下，张邦昌当选傀儡政权大楚的皇帝。虽然没有屠城，但开封城经此大劫，再不复往昔。

汴梁城破，二帝"北狩"后，整个帝国便处于崩溃状态。在金军的攻击下，朝廷已经完全失去了对领土的控制力，完全没能组织起有效的军事反击。一时间，各种农民武装与流寇集团风起云涌，史书上称这些四处流窜的武装为"群盗"。群盗烧杀强夺，危害不亚于金军。

后人印象中，因有"中兴四将"——岳飞、韩世忠、张俊、刘光世在靖康之难后奋起抗金才守住了南宋仅有的半壁江山。但事实上，所谓的"中兴四将"都是在平定招安流寇集团的一次次战役中壮大了自己的势力，拥兵自重，岳飞也不例外。建炎南渡后，朝廷的主要精力在平定各地的武装盗匪与流寇，并未与金军有过多少交手。

"中兴四将"中的韩世忠倒真是毫无争议，他是个战功能媲美岳飞的人。不仅如此，难能可贵的是，他在世俗情商方面更是远胜岳飞。韩世忠早年是个市井混混，一身的皮肤病十分遭人嫌弃，传奇故事说他制服了蟒蛇后，吃了蟒蛇肉从而治好了皮肤病，但这并不符合医学常识，读者听来一笑便好。后来他又经算命先生的提点，奋发图强进而走上了从军路，这在本小姐看来完全是书写传奇人物的典型套路，读者也不妨在此处再笑而过。

早在北宋末年徽宗朝的方腊起义时，韩世忠就因生擒方腊而崭露头角，只是这等奇功被他当时的上司抢了去。但也无妨，年轻无极限。就在被抢去头功的庆功宴上，他结识了梁红玉，两人一见钟情，韩世忠为梁红玉赎身。梁红玉官妓出身，宋朝的官妓并非现代意义上的性工作者，而更倾向于歌姬、舞姬方向。古代社会，歌姬、舞姬为社会下层。红玉这个名字是后世小说家们给取的，史书上只记有梁氏或安国夫人、杨国夫人等封号。与许多古代社会的门第婚姻悲剧不同，这两人自由恋爱并最终成为夫妻，伉俪合力抗金而名垂史册。

建炎四年（1130），金大将完颜宗弼声称他已经完成了"搜山检海捉赵构"的目标，开始北撤——但实际上，由于高宗的海上漂战略，金军并没有抓到他——于是在北返途中对沿路诸城进行烧杀抢掠，江南一片狼烟。

这个不可一世的金军将领完颜宗弼终于在黄天荡（今属江苏南京）尝到了苦头。韩将军领着八千名水军封锁了长江，拦住了十万金军的北返路，誓在江南岸给完颜宗弼收尸。金军不习水战，伤亡严重。对峙四十八天后，金军因无法过江而误入死港黄天荡，眼看十万人即将困死于黄天荡，完颜宗弼只得低头向韩世忠求饶，他表示愿意归还所抢财物并献上宝马以获取一条退路。开口求饶对宋高宗来说也许不是个事，但对于这个百战名将，金太祖四子完颜宗弼来说，可以说是奇耻大辱，足以毁掉他戎马一生的骄傲与荣光。

据说，后来完颜宗弼花重金从奸细处买到一条良策，令十万人连夜开挖被淤泥堵塞的河道，最终得以进入秦淮河而脱险。他返回北国后，似乎再不敢轻言跨过长江。

梁红玉"擂鼓战金山"的故事就出自黄天荡战役。此桥段被反复演绎，多为后人虚构，因为据较为靠谱的《建炎以来系年要录》记载，此战写到梁氏时仅有四字"亲执桴鼓"。可以确定的是，此女子有丈夫气。

再说回韩世忠。绍兴十一年（1141），也就是岳飞被害的前一年，南宋武功之最韩世忠与岳飞一样被夺了军权。韩世忠免于一死，缘于他与高宗关系颇为密切，他早年有拥立康王之功，在苗刘兵变时又救驾于危难。

早年间他主战的决心与战功并不亚于岳飞，但他晚年急流勇退，闭门谢客，口不言兵，绝不与旧时部下来往。他向官家索取了大量农田与房产，官家顺水推舟全部赐予了这位中兴名将。这种举动使官家对他极为放心，在秦桧的迫害下屡次保全了他。在岳飞被害之时，已经走上明哲保身道路的韩世忠依旧质问秦桧，岳飞的谋反证据何在？当秦桧回答"莫须有"时，他愤愤说道："'莫须有'三字，何以服天下！"

韩世忠晚年性情大变，有说他一介武将开始念书写诗并与文人交往，有人说他开始崇道拜佛，也有人说他成天骑着驴，带着小童在西湖的山水中神游……

绍兴和议：二十年的和平

抛开岳飞冤案和民族气节等因素不说，南宋站稳脚跟靠的就是绍兴和议所带来的二十年和平。经此二十年，新的地缘平衡已经形成，宋金双方都很难再有突破，共存之局面已定。

按宋高宗的年号看，建炎共四年，绍兴共三十二年。这之后，他还当了二十五年的太上皇。可以说建炎是他最惊心动魄、朝不保夕的日子，绍兴是他基本站稳脚跟的日子，太上皇时期是他享清福的日子。

请读者们注意，宋金的绍兴和议签署于绍兴十二年（1142），也就是说，在绍兴和议前十六年的时间里，宋金都是处于战争状态，前四年是朝不保夕，后十二年是勉强立足。而从绍兴和议后到绍兴三十二年宋高宗退位的二十年，南宋彻底站稳了脚跟，南北共存大势已定。后来的金海陵王南侵和宋孝宗隆兴北伐均以失败告终，南北共存的局面已经无法被打破。

如果抛开后世的评价和道德的因素，绍兴和议的意义极大。绍兴和议在动乱的局势下带来了二十年的和平，南宋能够收拾残局最终立足半壁河山，靠的就是这二十年。当然，所有的和都是战出来的，打到双方无以为继，和谈便水到渠成了，这样的和平才是真正意义上的和平，因为它建立在实力均衡之上。降低姿态的乞和或寄希望于一纸条约来维持和平都是极其幼稚且无法长久的，那不是真正的和平，称其为苟安更为恰当。乞和方颇为可怜，将自身安危系于他人，谁又会真的看得起缺乏血性且放低自身尊严的人呢？

高宗患有"恐金症"，不愿与金战。他尚在金的母亲韦太后便是他最好的主和借口，他除了恐金，还恐金将"二圣"送回来，他更恐"中兴"的武将们拥兵自重，尾大不掉。更何况，以文制武是太祖定下的家法，官家刚站稳脚跟就开始学太祖削兵权了。一路死里逃生的皇帝不相信任何武将，从他的所作所为看，显然无意恢复中原，可能只想保住他的命与皇位。反正，中原也不是在他手上丢的，不管怎样，就算他南逃了，依旧是受命于危难的中兴之主。

更现实一点来讲，高宗愿意屈和是考虑过南宋军事实力问题的，南宋确实不具备战胜金的实力，他曾对他的养子孝宗说过，战争对于金军来说只是输赢问题，对于我们则是生死存亡的问题。所以，他强烈抗拒战事。

其实，并不能因为他的懦弱怯敌就一味否定他的理性认识。岳飞一军挺入朱仙镇已经是孤军深入，很容易受到金军的包抄。南宋最大的希望是留在中原与太行山一带的遗民起义军。但从现实来看，遗民的意志没有那么强大，遗民很快就成了金民。另外不能不提的一点是，金朝内部有人认为应该拥立俘虏的宋钦宗为第三个傀儡，以宋钦宗的名义下诏南征。这对高宗的新朝廷将是莫大的打击。更何况，一朝天子一朝臣，高宗的大臣们为自保，也最不愿意看到钦宗再次临朝。所以，屈和决定来自高宗，且支持者大有人在。

这也就不难解释宋高宗要重用秦桧，力主议和。抛开道德因素不谈，秦桧凭着他的江湖地位，对外停战，对内高压，使南宋活下来，也是一个奇人。绍兴十二年（1142），绍兴和议达成。宋金的南北对峙模式基本形成，政权边界定在淮水与大散关，宋向金称臣。虽然和议达成二十年之后，依然发生过完颜亮撕毁条约南侵的事件，但宋金对峙的局面一直保持到元的兴起，将他俩先后干掉。

议和伴随的一个附带性条件颇值得深思，那就是宋不得以无罪去首辅。金显然对主和的秦桧颇为满意，有了金的支持，在之后的日子里，秦桧权势滔天。

金为了表示议和诚意，送还了当时依然健在的官家生母韦太后与宋徽宗的棺椁。棺椁未曾开验便匆匆下葬。官家用了当时最隆重的仪式迎请皇太后归朝，并且用尽所有孝敬太后，以弥补太后"北狩"之苦。

据说太后初回朝时，第一个便问起韩世忠，表示此人在北地很有威名。

再后来，太后迅速进入了状态，该问的问，不该问的不问，此后的日子里，她与官家母慈子孝，天下供养。

真假公主案：柔福帝姬

太后的回朝还引发了一场真假公主悬案。太后指认逃回的公主为假，真公主早已死在了北地。审讯的结果是假公主是由尼姑扮演的，因而很快被处死。但当时便有人认为公主是真，遭此厄运只不过是因为她知道的太多了。

靖康之变将整个北宋皇室一锅端。被俘北上的徽钦二帝是高宗赵构的父亲和哥哥，而被俘的皇族女性中有他的亲生母亲、妻子、女儿、姐妹，而他的亲生母亲韦贤妃是唯一活着回来的人。据记载韦贤妃在北地蒙尘十五年之久。

绍兴十二年（1142），岳飞被杀，宋金达成绍兴和议。紧接着，高宗生母韦贤妃同徽宗棺椁归宋。关于这十五年她在北地是如何度过的，官修史书上一概没有。民间则有传韦贤妃曾进过浣衣院，也就是金人的官妓院，还曾在北地生下过两个孩子。为了遏制此类流言，高宗不得不往太后的真实年龄上加上十岁。这样，靖康之变发生时，太后就变成了四十八岁，已经不大可能在北地生下孩子，太后大难之后大福，所有被俘的皇族女性中，只有她一人全身返回南宋朝廷并在临安安享晚年。史书记载，她死于绍兴二十九年（1159），终年八十岁。

绍兴和议后，她的回朝引发了一桩著名的"真假公主"悬案，真假公主案也是源自一名被俘的皇室女性，她便是柔福帝姬。"帝姬"就是公主的意思，只在徽宗一朝使用。道君皇帝要风雅，要复古，觉得"公主"这个称呼俗不可耐，于是恢复周朝的叫法，称皇帝的女儿为"帝姬"。这柔福帝姬便是道君皇帝的第二十个公主。

据《宋史》记载，道君皇帝在两宋皇帝普遍生殖能力低下时常无子的背景下，竟然在"北狩"前生下了三十一个儿子、三十四个女儿。更令人瞠目结舌的是，他在北上做了金人俘虏之后，在如此恶劣的条件下还能继续生儿育女，使他的儿女总数超过了金人的后代康熙爷。

当然帝姬们的命运是令人同情的，柔福帝姬在靖康之变时年十七且未嫁，乱后北迁。柔福帝姬死在绍兴十一年（1141），这一年她三十一岁。这是《宋史》的说法。

蹊跷的是，在南宋高宗建炎四年（1130），也就是靖康之变后的第三年，南宋官军在抓获的土匪家眷里发现一名女性自称柔福帝姬，道君皇帝子女成堆，这高宗也未曾见过柔福帝姬，于是便叫来老宫女与宦官检验。这女子竟然顺利通过了重重检验，旧宫人都认为她与柔福帝姬十分相似，且对宫中旧事对答如流。唯一的疑惑，便是她有一双大脚，而柔福帝姬曾缠过足。对此，她辩解道："金人驱逐如牛羊，其间逃脱，赤脚奔走到此，山河万里，一双纤足，如何能保持旧时模样？"

高宗果断认下了这个妹妹，封"福国长公主"，择了驸马并赐予大批嫁妆。这个公主的故事本可以到此为止了，但在绍兴十二年（1142），事情起了变化。宋金达成和议，高宗生母韦贤妃从北地归宋。归宋后的韦贤妃被尊为韦太后，她认定柔福帝姬为假，因为她亲眼见到柔福帝姬死在了北地。

高宗震怒，开始着人立案调查。原来，冒充公主者本是汴京的一名尼姑，名叫静善。汴京城破后，她被掠往北方，在漫长的一路闲谈中知晓了许多的宫闱秘事。之后，她在战乱中几次被拐卖，嫁给了一个土匪，宋官军剿匪时，她便对宋军自称柔福帝姬。真相查明后，尼姑静善被公开处死。

讲到这里，南宋真假公主案算是告一段落，但事情远没有这么简单。南宋与后世的许多史学家认为，这个被公开处斩的尼姑极有可能是货真价实的柔福帝姬，她曾与韦太后同在北地，韦太后身为一国之母，由于担心自己在北地的不堪经历被人知晓，于是杀人灭口。

韦太后声称柔福帝姬死于北地但并没有任何佐证，此外，投奔南宋朝廷的柔福帝姬是通过了老宫女与太监的检验的，认定一个假冒的公主是天大的罪责，若非十分确定，太监与宫女也不敢认定为真。

对于高宗赵构来说，这公主是真是假意义不大。起初与她兄妹相认，是因为他饱受舆论压力与良心谴责，作为南渡的皇帝，他没有任何救父兄宗室出北地水火的行为，厚待南归的公主正好可以向他的臣民显示，他没有忘记北地受苦的亲人。而且回来的是个公主，对他的皇位没有任何威胁，如果是他的哥哥或弟弟归宋，情况又会不同了。任何皇室男性南归都有可能成为他皇位的继承人或争夺者。

虽然他的母亲韦太后认定柔福帝姬为假，不管何种理由，听妈妈的话总没有错。他一贯心疼他的母亲，在他的母亲蒙尘北地时，就曾说过为救母亲，愿意向金称臣。而他的母亲也心疼他，想必不会介意成为他的任何借口。

无论如何，这些被俘北上的宗室女性的命运都是极其凄惨的。在面对侮辱与残暴时，也有人拿出了死的勇气，这便是宋钦宗的皇后——朱皇后。靖康之变时，她年轻貌美，一路遭受金军调戏。在到达金国京师后，金人举行了所谓的献俘仪式。

徽钦二帝及后妃、宗室等人都身披羊裘，袒露上体，到金朝祖庙去行"牵羊礼"。朱皇后出身官宦人家，因无法忍受侮辱，于献俘仪式当日投水自尽。朱皇后也是唯一一位有史记载的北宋殉国殉节的皇室成员。

她的刚烈得到了金世宗的称赞与尊敬，金世宗说她"怀清履洁，得一以贞，众醉独醒，不屈其节"，追封她为"靖康郡贞节夫人"，这无疑是对两名"北狩"皇帝最大的讽刺。

禅让：南宋的好传统

南宋流行禅让，高宗、孝宗、光宗连着三朝禅让。当然帝制时代，所谓的禅让并不是让贤，而是在职皇帝因为各种原因让位给太子。当然，像南宋这样连着三代禅让的情况还是真未有过，难怪时人常常自比上古时期尧舜禹的禅让，但他们想必也知道本朝的禅让与上古之禅让还是有着天壤之别的。

绍兴三十一年（1161），这时距岳飞离世与绍兴和议已经过去了二十年，秦桧也已经死去六年。秦桧在世时，权势滔天，党羽遍布天下，又有金人撑腰，赵构似乎已经被他架空。据说秦桧死后，赵构才从裤子里取出了防身所用的匕首。接着大规模的更化开始了，秦桧党羽纷纷遭到弹劾，部分冤狱得到平反。但赵构所谓的更化是极有分寸的，例如尽人皆知的岳飞冤案并未得到平反，当朝野上下指责秦桧通敌卖国时，赵构表示：讲和之策略，断自朕意。

秦桧死时，赵构已经四十八岁了，他意识到自己似乎已经不太可能生出继承人了。近五十，绍兴三十年（1160）终于下旨立赵昚为皇子，这便是后来继位的宋孝宗。而这时离赵昚被收养入宫已经过去了近三十年。此前有两个孩子被收养入宫，被选中的两个孩子均为宋太祖赵匡胤的七世孙。显然，赵构有意在大难之后，将皇位再次传回太祖一脉，当然条件是他本人无子。

赵构挑选继承人的方式也颇为独特。当年，他使用自己最无法经受的女色来考验两名准继承人。孔子曰："己所不欲，勿施于人。"但赵构似乎不能容忍继承人有与他相同的弱点。他赐给两名准继承人处女宫女各十人，数日之后便收回宫女验身。落选的赵璩显然经不住诱惑，但当选的赵昚也不见得就一定不贪女色，或许他更为老练，深知其中的套路所在。当然，他的王府老师史浩功不可没，教导他对高宗送来的宫女们敬而远之。讽刺的是，这名老师是个不折不扣的主和派，在孝宗朝的北伐中出了不少馊点子。

赵构经过漫长的观察期考核选中了赵昚。后来的事实证明他的选择极其英明，孝宗绝对无愧于他的谥号"孝"。高宗禅让后，搬去了杭州秦桧充公的府邸居住，而孝宗风雨无阻，每日必去请安。宋朝上朝的时间是卯时，也就是早上五点，所以上朝被称为画卯。而孝宗每日画卯之前，必去太上皇府邸请安，一来一回再加上与太上皇聊天的时间，可见他每天得有多辛苦。太上皇一活就是二十五年，而这样的请安二十五年未曾间断，真是连亲儿子也做不到。

但事实也证明无论用多长时间，无论用什么方法，也不可能真正洞悉人心。赵构这个一辈子走求和路线、"确守勿变"的中兴皇帝，竟然给自己选了个主战派继承人。想必宋孝宗在继位之前的长达三十年的观察期中并未表现出强烈的主战倾向或政治主张。赵构在绍兴三十二年（1162）禅位后，做起了神仙般的太上皇。而他亲手选定的继承人在继位两个月后便为岳飞平反，朝野上下为之振奋，主战派大臣纷纷上位，在赵构的有生之年，他们便组织北伐，试图收复丢失未久的故土。当然这一壮志并未成功，世间无奈之事十有八九，空留一腔热血。

不管怎么说，宋高宗的禅位真是具备了充分的理由。宋高宗赵构生于1107年，在他二十岁的时候，他因缘际会成了靖康之难中唯一逃脱的皇子，在一路仓皇南逃中承继大统，再续宋祚。从靖康之难天下崩溃到南宋站稳脚跟是一个极端痛苦的过程，也就是从1127年到1131年的这段时光，是他人生最恐怖的日子，他忍受着金军的追杀、武将的兵变，与各种割据势力周旋。对此人不便评价，因为历史对他的争议太大，说什么的都有，从他的所作所为看，他的行为在靖康之难前后颇为矛盾，如果单从靖康之难后来看，他确实畏敌、懦弱，但在极端险恶的情况之下，主战不一定就能救国，妥协未尝不是一种方法。

还有一些针对他主政的负面评价涉及言论自由收紧、首杀上书言事者、独裁政治等方面。大家知道宋朝令人耳目一新的迷人之处主要在于其政治宽松，不杀士大夫以及上书言事者，使宋朝的士大夫阶层获得了崇高的地位与人格的尊严，士大夫以天下为己任、为万世开太平的风骨，入世的情怀、直言不讳的事例比比皆是。而这一高昂的士风，正是从高宗时开始转向，他杀的是两个主战的太学生陈东与欧阳澈。太学生可以简单地理解为今天的大学生。

用今天的话说，就是他杀了两个学生运动的领袖。很多人会以为"学生运动"是西方近现代的产物，但其实不然。汉朝就有太学，太学生人数众多，当时就已经有学生运动的发生。而学生运动鼎盛于宋，宋朝重文，教育极盛。太学生作为更年轻的后备士大夫，更是视国家为自己的尽忠对象，这种责无旁贷的敢言仕风，总是让后世文人对宋朝产生出一种难以抑制的情愫与久久无法释怀的叹息。

进入南宋以后，北方游牧民族之压迫、朝臣之懦弱、奸臣权相当道都促发了大规模的太学生救国运动。无论是谁，只要向手无寸铁的上书学生动武，都会成为其执政生涯中抹不去的污点。高宗对杀害这两名太学生，一再表示痛悔，并将责任推给时任宰相。但毕竟太祖订立的"不杀士大夫与上书言事者"的祖宗家法执行了一百多年，到他这里开了恶例。

赵构杀了上书主战的太学生和主战派领袖岳飞使得他差评如潮。而孝宗却好评如潮，在海陵王南侵时，身为皇太子的孝宗曾经陪着他父亲从临安北上建康（今江苏南京）抗金。一路上，他负责安排父皇的寝食、协助政务、每日向后宫汇报皇帝的状况，他的所作所为，天衣无缝，朝臣们一片赞誉。

再加上完颜亮的南侵使高宗颜面扫地，他当年杀死岳飞，重用秦桧跟金人签的所谓绍兴和议现在看来就是一张废纸。既然这样，就让皇太子替我上朝吧。

退位那年高宗五十五岁，在皇位上的这三十六年，可谓腥风血雨，没有一天过过安稳的日子。禅位大典的那天，瓢泼大雨，新皇帝也就是他的养子，亲手扶着他的龙辇，淋着雨，一直将他送到皇宫之外的德寿宫，见者无不动容。太上皇在那里养尊处优，享尽了人间的荣华，八十一岁才驾鹤西去。

南宋的美好时光

孝宗朝是南宋唯一的美好时光。从内部来看，秦桧已成过去，韩侂胄、史弥远、贾似道还未登场。从外部来看，元朝的影子还未出现，金朝已是强弩之末，共存已成定局。这一时期，政治环境相对宽松，程朱理学、心学、浙东学派鼎立，无论从思想上、经济上还是文化上来说，这都是南宋最美好的时光。

赵构晚年的幸福源自他给自己选对了继承人。赵昚，也就是后来的宋孝宗虽然不是他的亲儿子，但论孝行，亲儿子也比不上孝宗。太上皇每月仅零花钱就相当于月俸最高的大臣的 100 倍之多。太上皇住在秦桧的宅子里，本就是顶级奢华，后改名为德寿宫，由于位于大内之北，又被称为"北内"。赵构入住后，又将西湖的水引入德寿宫，他便在这人间仙境里又活了二十五年。但显然他不甘心只活在仙境里，凡间俗世他也得参与一下。

他一个太上皇，放着身份不顾，喜欢参与经商，与国与民争利。南宋时，酒为国家专卖产品，太上皇无视法律，私酿德寿宫御酒，酿好后还带着标签送给皇帝儿子，满朝非议。赵构也许只是想借此提醒皇帝，他太上皇是个法外之人，是个皇帝之上的人，顺便酿点酒喝赚点钱花。

当然，他的儿子宋孝宗尽力满足他想要的豪奢生活与特权，在一定程度上换取太上皇的放权与不干政。孝宗与高宗最本质的不同，便是孝宗志在恢复故土，锐意北伐。孝宗可以说是南宋唯一一位志在北伐恢复故土的皇帝。他继位没多久便为岳飞恢复荣誉，当然诏书也是写得水平极高："太上皇念之不忘，今可仰承圣意，与追复原官。"大概的意思是：太上皇对岳飞念念不忘，我如今按照太上皇的意思为岳飞恢复名誉。太上皇估计也是无可奈何，被抬上了高位，在为岳飞平反这件事上，太上皇一声没吭。

太上皇同意给岳飞平反并不代表他同意北伐，当孝宗力主恢复大计时，他终于说了句重话：北伐这事，你等我死了以后再做。由此可见，在对金作战这样的关键性问题上，太上皇并没有放权。当宋孝宗背着太上皇直接向前线下达北伐命令时，太上皇气得逼他收回成命，史书写道：孝宗沉默不语，以极其恭敬的态度拒绝了太上皇。

这便是南宋的第一次北伐，史称隆兴北伐。隆兴北伐的失败原因是多方面的，两大主帅邵宏渊和李显忠的完全不配合是个重要原因。能让一个人做的事情，一定不要交给两个人去做。历史上，派系斗争和缺乏团队精神的事例比比皆是。

时机不妥亦是隆兴北伐失败的原因之一。金主完颜亮被杀，权力交替之时，本是进攻的最好时机，但此时南宋正在进行禅让。而禅让之后新主上位，金朝的完颜雍也已经站稳了脚跟。

很多时候，人们常说的成事在天其实是极有道理的。事情是否能成很多时候依赖的是天时，而并非人力。相传这位锐意恢复故土的皇帝在他还是赵构养子之时，在学堂见过岳飞，那年他年仅十四岁，曾对岳飞说："北复国家，有托将军。"只可惜，当他继承皇位之时，岳飞已经去世二十年。

他能做的也只有为岳飞广立祠堂。还好，另一名南宋前期著名的主战派大臣张浚还活着，还可以被孝宗所用。此张浚非彼张俊。另一更著名的张俊是参与害死岳飞的张俊，今日那个张俊还依然跪在杭州岳王庙之前，虽然他曾与岳飞、韩世忠、刘光世并称南宋"中兴四将"。由此可见主战派也并非都好，特别是主战主和两面倒的主战派。这个孝宗朝还在世的张浚亦是两宋之际的主战派，到了"中兴四将"早已离去之时，张浚便成了力主抵抗的元老，但他在军事上的失败令人们对他的争议极大，后世对他的评价也呈正负两极。

当孝宗继位，起用张浚这样还健在的主战元老时，朝野上下还是一片振奋，看来那个萎靡不振的时代要过去了，汉唐雄风的荷尔蒙又要迸发了。但隆兴北伐的失败，还是令这名元老被罢相，尽管当年的豪言壮语犹在。张浚曾受封魏国公，孝宗表示："朕倚魏公如长城，不容浮言摇夺！"

隆兴北伐失败后，张浚死于离京的路上，他的遗言就跟南宋一朝所有志在恢复江山的士大夫一样，感天动地："我曾任宰相，不能恢复中原，雪祖宗之耻，死后不配葬在祖宗墓侧，葬在衡山下足矣。"今日，张浚墓保存完好，正位于衡山脚下，离长沙不远。后世许多人批评他志大才疏、急于求成，但此人一生志在抗金，在备受秦桧迫害之时也未曾改变立场，而对他的肯定也多源于此。

隆兴二年（1164），宋金两军在打打停停中再次议和，史称"隆兴和议"。这次南宋虽然没打赢，但地位却比绍兴和议之时明显提高。宋不再向金称臣，双方约为"叔侄之国"，大家各自理解，这便是政治最为灵活的地方。既然已经不是君臣关系，那么"岁贡"也改成"岁币"，数量也有所减少。宋将采石矶之战中收复的六州归还金。双方的让步均源自不愿再战。金国几代下来，已非金太祖太宗时的模样，再加上完颜亮时的大乱，元气大伤，而宋在军力上实在体现不出任何优势。

后世很多人解读，认为当时是中国历史上的第二次"南北朝"，但这种南北朝式的南北对峙其实是一种地缘政治势力均衡的结果。谁也无法干掉谁，谁动谁输。完颜亮的南侵如是，宋孝宗的隆兴北伐亦如是。

孝宗在位二十七年，有二十五年处于太上皇赵构的掣肘之中，隆兴北伐的失败让他意识到自己的急功近利，当太上皇逝世时，他的锐气似乎早已消磨殆尽。早在太上皇将皇位禅让与他之时，太上皇曾对满朝大臣吐露了少有的肺腑之言："朕在位失德甚多，更赖卿等掩覆。"孝宗之所以谥为孝，大概亦是知恩图报，为父掩饰了一辈子。

隆兴和议之后，"南北朝"的格局已定。这种地缘上的平衡短时间内无法打破，因此，更多的精力被用在了内部振兴。孝宗朝的宽松政治氛围带来了思想文化上的蓬勃，孝宗自己对理学并无好感，但好在他能容忍不同的声音。此外，政局的稳定、清明也带来了经济的繁荣，拿这段时期媲美北宋的庆历可能有些过头，但说这是南宋最美好的时光大致是没错的。

疯皇：皇位上的精神病患者

这就是君主独裁制度的悲哀，一个可怜的精神病患者无法得到应有的同情与照顾，反而被安置在宝座之上，众人向他朝拜、向他谏言，却无人敢说他是个病人这个简单的事实。

南宋在第二代皇帝孝宗之后，就已经显露出了亡国之象。孝宗有三个儿子，全是嫡子。孝宗在他的长子早逝后，跳过老二赵恺，直接立老三赵惇为皇太子，原因是老三"英武类己"。而后来，老二赵恺英年早逝，也恰好证明了孝宗的"正确"。

1187 年，八十一岁的太上皇宋高宗去世。其实，皇帝是个高危职业，再加上古代的医疗水平有限，在宋高宗之前只有南北朝时的梁武帝和唐朝的武则天活过八十岁。而在宋高宗之后，也只有一人活过八十岁，那便是清朝的乾隆爷。

孝宗始终践行孝道，坚持要为太上皇守孝三年。中国古代宗法社会以孝治天下，皇帝以身作则为先皇守孝是头等大事。但通常为了不影响国事，为先皇守孝一般是以日代月的守丧规制。这便是中国人的智慧。

古人常说的守孝三年，对现任皇帝也就是三十六天而已。但到了孝宗这不同，孝宗奉行孝道，反对以日代月，一定要守满三年。

到了1189年，进入最后一年时，孝宗竟然退位了，索性将皇位禅让于皇太子赵惇，为宋光宗。他成了南宋第二代太上皇，也搬进了上任太上皇的德寿宫，并改名重华宫。他觉得他的儿子理应像他对待高宗一样对待自己，但他真的错了。光宗继位之时，就已经改为每月四朝重华宫，这比起孝宗对高宗的每日一朝来说，简直落差太大。

父子俩真正的芥蒂始于立储问题。宋光宗继位后，太上皇对立光宗唯一的儿子嘉王赵扩为皇太子表示反对，他认为皇位应该传给当年去世的二皇子的儿子，因为当年他是跳过了老二而将皇位传给了老三的。但问题的实质不在这里，这都是些冠冕堂皇的理由，最根本的原因是太上皇发现了光宗唯一的儿子嘉王赵扩的"不慧"！

南宋后来的几个皇帝智商都有问题，这已经不是什么秘密了。正史向来"为王者讳"，不言皇帝的疾病，但时人有云："宁宗（即嘉王赵扩）不慧而讷于言。"今人用现代医学分析宁宗的症状，直接判断宁宗为鲁钝型精神发育迟滞，相当于轻度的精神发育不全。更有后人分析，宋光宗嗜酒，他那著名的皇后李凤娘更是嗜酒如命，他俩的儿子"不慧"八成是受孕及围产期酒精中毒所致。

光宗与太上皇不同，他不管他的儿子慧不慧，希望自己的儿子能继承皇位，而不是传给其他支系。他满腔不满却不敢发作，但皇后李凤娘终于向太上皇也就是他的公公发飙了，史书记下这个悍妇的话："我，是你们堂堂正正聘来的，嘉王，是我亲生的。为什么不能立为太子？"可见皇位的诱惑极大，即便传给傻子也不能传给旁支他人。太上皇不同意太子人选使光宗压力极大，因而怀疑太上皇可能对自己下手。

宋朝的皇后一向温良恭俭让，李凤娘是个例外。电影情节中有一幕是把一个女人被砍断的两只玉手装在盒子里，被当成"礼物"送到某人处以示恐吓，虽然镜头只停留了几秒，但还是吓坏不少人，特别是其中一只手上还戴着翡翠手镯，完全是一副活生生的样子。其实，这不是老上海黑帮电影的发明创造，南宋朝的著名悍后李凤娘就是这么干的。

李凤娘是宋光宗的皇后、孝宗的儿媳妇。夫妇两人爱好喝酒，生出来的独子赵扩"不慧"。为了她儿子赵扩的继承权，她甚至敢向太上皇发飙，在礼制时代，这样的彪悍人生也是没谁了！看见光宗，也就是她老公多看了两眼仕女漂亮的手臂，过了两天她便给皇帝送去了一个食盒，里面竟是宫女的双手。趁着光宗赴外参加祭天大典，她便虐杀黄贵妃。而恰巧在光宗祭天大典时同时发生了火灾与冰雹，本就心理衰弱的光宗彻底被吓疯了。

后世有研究认为宋光宗是典型的狂躁症与抑郁症交替障碍患者。精神病最可怕的地方便是其间歇性与隐藏性，一时好一时坏。光宗在继位之初肯定没有表现出严重的精神问题，否则孝宗也不可能觉得他"英武类己"，太子"不慧"使他精神问题加重，时刻恐惧太上皇不同意立他的儿子为太子，继而加害于他，这种持续的恐惧症再加上后来的惊吓，几乎已经使他丧失了心智。事实上，从1191年底开始到宋宁宗继位近三年的时间，坐在皇位上的一直是一个严重的精神病患者。当然宁宗继位，也没能改变南宋不可逆转的命运，我们之前提到这个宁宗是个低智儿。

绍熙五年（1194），太上皇孝宗病重。从太上皇犯病直到离世，光宗竟然一次都没有去看过亲手把他扶上皇位的父亲。这种行为在今天看来都是大不孝，更不用说在礼制森严的宋朝。在传统儒家社会，父父子子是天地人伦纲常，皇帝当仁不让应该是这一基本伦常的代言人。所以当皇帝不去探望自己的亲生父亲时，大臣们、太学生们集体跪在了皇宫门口请皇帝前往太上皇处探望。

个别大臣知道皇帝真实的状况，但无人敢公开皇帝的病情，而那些并不清楚实情的都城军民群情激愤。皇权体制的问题就是这么可笑，皇帝有病而不能说。在这个以仁德自诩的儒教帝国的意识形态中，孝是国家的根本。子事父与臣事君是一个道理。皇帝虽然是九五至尊，但亦是这个道德系统的表率。皇帝如果有违此道德标准，亦会使得人心浮动、国家不宁。

这便是君主制度最可笑的地方，当君主被抬高和神话时，人们似乎都无法相信也不会怀疑那个坐在龙椅上的人可能是一个可怜的精神病人，他可能已经完全不认识自己的父亲，而那些跪在宫门的儒家卫道士亦十分可怜，他们对皇帝的大逆不道震惊不已。皇帝的行为完全颠覆了儒家的精神，而这些儒家的精神正是士大夫安身立命的根本。

"疯皇"宋光宗的大不孝举动已经到了举朝愤慨的地步，但真正的丑闻还在后面。1194 年太上皇宋孝宗驾崩，作为现任皇帝以及孝宗的儿子，宋光宗理应为先皇举行丧礼。但"疯皇"拒不主持丧礼，他视己父之丧，如他人事。在无人主持太上皇丧礼的情况下，太皇太后吴氏出面宣布：皇帝有疾，宰执率百官至重华宫发丧。

太皇太后吴氏简直就是半部南宋历史的见证人，一生经历高、孝、光、宁四朝，她是宋高宗赵构的皇后、孝宗朝的太上皇后、光宗朝的太皇太后、宁宗朝她已经是曾祖母辈分的太皇太后，几乎是个活化石一样的人物。此人并非出身名门，而是一步一个脚印从侍女一步步晋升为皇后的。在赵构仓皇南逃的不堪岁月里，吴氏时常戎装侍奉左右，可谓贤良淑德且能文能武的女中豪杰。当然除了贤良淑德救国于危难之中，还有一人通过太皇太后吴氏的关系走上了历史舞台，此人便是南宋权相韩侂胄。

国丧无主、光宗无视父子人伦使朝廷陷入巨大的丑闻与统治危机之时，太皇太后最终支持拥立新君，这场为了挽救朝廷声誉与体面的政变被后世的史学家们称为"绍熙内禅"。其实就是太皇太后同意光宗内禅，将皇位传于光宗唯一的但智力低下的儿子嘉王赵扩，但这一切并不是光宗自愿的。这场实际上的政变与号称的内禅是在太皇太后的首肯下，由两名大臣负责具体操作完成的。这两名大臣便是赵汝愚与韩侂胄。这两人在绍熙之时合力完成了政变，宋宁宗由此上台，随后两人便开始了严酷的政治斗争，史称"庆元党禁"，这都是后话了。

南宋的末日之象在此次禅让中表现得淋漓尽致，光宗不在场，嘉王赵扩大哭不止，在大殿上逃跑躲避，太皇太后吴氏多次呵斥才让他勉强穿上黄袍。至此，君弱臣强的局面已一目了然，接着韩侂胄、史弥远、贾似道接连登场，权相成了主角，这样的状况一直延续到南宋覆灭之时。

韩侂胄：主战派奸相

世道沦落，从人不敢言开始；南宋的沦落，从光宗、宁宗开始。庆元党禁非一般之党争，其夹杂着对政敌思想学术的攻击，于是黑白是非完全颠倒，士风沦落。而其后的开禧北伐试图以盖世之功挽回人心，转移注意力，以韩侂胄的人头来收尾。

由于"疯皇"宋光宗无法主持太上皇的丧礼，在以孝道治国的儒家社会里，这成了动摇国本的丑闻。朝廷为了体面与脸面，在太皇太后吴氏的允许下，由宰相赵汝愚和外戚韩侂胄实际操作了禅让仪式。皇位由此传给了赵扩。用今天的话说，赵扩有点智力发育迟缓，但在他继位初期也就是庆元年间，由于有赵汝愚为宰相，朱熹为帝师，南宋小朝廷恍惚间有了点"小元祐"的感觉。元祐是北宋宋哲宗在位时的年号，可以说是北宋的黄金时代。当然，对宁宗初期也不能过高估计，宁宗是个万事无意见、一切皆可以的人。

好景不长，"庆元之治"迅速演变成"庆元党禁"，缘起宁宗上台后，有功之臣韩侂胄没有得到相应的回报，因而嫉恨于赵汝愚，韩侂胄利用外戚的身份与官职的便利最终扳倒了宰相赵汝愚。

与韩侂胄的恶名不同，赵汝愚始终是以正面的形象出现。一是由于他在庆元党禁中被韩侂胄迫害致死，二是由于他在任丞相时，引儒家圣人般的人物朱熹入朝，成为帝师，使朝廷风气一新，霎时间让人们以为又回到了北宋那个士风高昂的时代。

赵汝愚是宗室，政变成功后，他对韩侂胄言：我是宗室，你是外戚，怎么可以论功？所以宁宗上台后，有拥立大功的韩侂胄并未得到多大提升，心生不平，记恨于赵汝愚。朱熹都提醒他：韩侂胄怨气极大，不得不防。

本来这样的政治斗争在历史上司空见惯，但庆元党禁的不同之处在于这次党争发生在"理学"已成显学而未成官学之际。庆元党禁是以理学之禁为主要内容与表现形式的。容本小姐简单解释一下：

由于唐宋之际有深刻的社会变动，之前的旧儒学已经适应不了新时代了，宋朝从仁宗时起逐渐发展出了一套应对当前社会需要的儒学，称之为新儒学或宋学。由于不同理解，新儒学或宋学生出许多派别来，其中最大支便是二程兄弟的理学，南渡之后，理学在朱熹手中集大成，这也是为什么理学也被称为"程朱理学"。

通俗一点说，中国的学术有个倾向，那便是强调门户之见，强调道统，说白了就是强调自己是哪门哪派的，而且偏执地认定只有我这派才是正统，其他都是异端。这种狭隘思想在学界时常引发派系之争，这些学者逐渐进入官僚体系后，这样的学术派别之争就演变成了党争。就这样，在宁宗朝，朋党之争与理学之争混合在一起。而这个时候，理学经由朱熹已经发展为显学，但尚未成为官方指定的统一意识形态，既然还未定于一统，那么尚有被扳倒的可能。

所以庆元党禁不仅包含了政见上的攻击，更包含了对政敌所主张的学说的攻击。赵汝愚与朱熹为"理学"一党，韩侂胄为了扳倒赵汝愚，疯狂攻击"理学"，将"理学"打为"伪学"，想从思想根本上让政敌永无翻身之地。

这种混合了思想学术之争的党争极为可怕，因为在这样的情势下，理学所倡导的道德规范、行为方式、价值观念都遭到了扭曲丑化与贬抑性攻击，而这些正是知识阶层用来安身立命的东西，是非黑白都颠倒了，世风日下也就自然而然了，于是乎，各种奉承拍马的人层出不穷，其中程松的例子颇有意思，说来供读者们一哂。

程松本是钱塘知县。有一次韩侂胄心情不好，把一个受宠的小妾赶出了家门。程松知道后，立刻高价买来，夫妇两人将小妾小心翼翼地供养在家。他知道，韩侂胄这是在气头上，极有可能对她回心转意的。果然，这是一次小情侣吵架闹矛盾，很快韩府就召回小妾。得知小妾被妥善照顾，韩侂胄很满意，于是程松就这样升了官。后来，程松为了继续升官，又给韩侂胄送去了一个美人，还用自己的字给美人取名。韩侂胄好奇，问为何程大人与美人同名，程松竟然答道，他只是想让韩大人记住自己的贱名。

★ ★ ★

韩侂胄擅权的种种恶行就算是高压之下，依然有反抗的声音，只是不敢公开，但隐晦的愤慨与讽刺时时都在。韩侂胄对这样的态势并非毫不知情。据说他睡觉时，床四周都有保护设备。为了自己的声名与地位，控制非议，挽回人心，转移注意力，他决定用盖世功名来给自己正名。

怎样才能扭转舆论，赢得人心呢？在南宋，还有什么比恢复故土更伟大的事业呢？韩侂胄不正是需要这样的盖世功名吗？于是，这才有了后来嘉泰年间的为岳王造势与开禧年间的北伐。

南宋奸相多，且各不相同，讽刺的是，秦桧之所以被后世钉在耻辱柱上，完全因为他是个卖国求荣的投降派。而韩侂胄不同，他是个主战派。南宋最后一次北伐就是在韩侂胄的主持下进行的。

更为讽刺的是，韩侂胄虽然背着遗臭万年的名声，但他是个不折不扣的主战派，而朱熹朱圣人住在孔庙里，却是个主和派。所以，大家切莫把主战与主和上升到正义的层面，说到底不过是政治斗争的工具罢了。高宗时期，主战的皆是君子，而宁宗年间主和的成了君子。

韩侂胄主政时"崇岳贬秦"，南宋著名的抗金人士陆游和辛弃疾都与他交往密切。宋孝宗朝时，岳飞平反昭雪，追复原官，并加谥武穆，但并未清算秦桧的罪行。到了宁宗嘉泰四年（1204），韩侂胄主政时，岳飞才被追封为鄂王——这个后世人最为熟知的封号。宁宗开禧二年（1206），亦是韩侂胄主政时，秦桧被削去王爵，谥号改为缪丑。就是在这样的氛围中，南宋发起了最后一次北伐，史称"开禧北伐"。话说回来，这世上没有无缘无故的爱与无缘无故的恨，岳家和韩家交情匪浅，岳飞早年是韩家的长工，韩家对其一直照顾有加，岳飞成名后，对韩家一直十分敬重。

但诸位也切莫因此为韩侂胄鸣不平。因为在政治利益面前什么都是假的。理学不理学、恢复不恢复旧江山统统都无所谓，如何保住权力与地位才是真的。

韩侂胄可以说是靠政变上台，最后也因政变下台，开禧北伐便是转折点。从动机看，开禧北伐纯属政治投机行为。不论如何，北伐二字都触碰到了时人最敏感的神经与故国情怀，得到了广泛的支持。但从开禧北伐的结果看，这场动机不纯、单方面挑起的战争确实为一场不负责任的冒险。后有人感慨道："高宗之朝，有恢复之臣，而无恢复之君；孝宗之朝，有恢复之君，而无恢复之臣。"这样来看，宁宗之朝是既无恢复之君，又无恢复之臣。

北伐失利后，主和派迅速抱团干掉了韩侂胄。韩侂胄在当时可谓权倾朝野，也死得惨不忍睹，这个不可一世的韩大人在上朝路上被挟持，被铁鞭袭击下体而死。他的头颅被完好地保留着，因为他的头颅便是主和派向金国议和的筹码之一。韩侂胄死后，宋金两国迅速达成和议，史称"嘉定和议"。和议虽然没有割地称臣等条款，但"交付韩侂胄首级"这一条还是令人瞠目结舌，毕竟堂堂大宋将国相的首级砍下送往金廷，还是颜面失尽。

至此，干掉韩侂胄上位的下一个权相史弥远浮出水面，开始了他呼风唤雨的二十五年，真可谓一侂胄死，一侂胄生。

倒是金人颇为地道，在收到了韩侂胄的头颅后，还给他封了个忠缪侯，首级则被葬在韩侂胄的曾祖韩琦位于安阳的墓地旁。这样也好，北伐虽然未成，但好歹首级得以北归故里，只是不知道韩琦是否愿意以此种方式见这个曾孙。

圣人：为什么是朱熹？

严复说："若研究人心政俗之变，则赵宋一代历史，最宜究心。"宋学作为新儒学，派系纷呈，大师如云，程朱理学则是最后的胜出者与集大成者。程朱理学可以说塑造了宋朝之后的中国，悄无声息地影响着中国人的价值观念与行为方式。

一提到"哲学史"，广大人民群众便会觉得十分高深，但其实不然，哲学史可以简单被理解为思想史，思想史再通俗一点说就是从古至今，人们的脑子里都在想些什么。

春秋战国时期，儒家形成。汉朝儒学花开两朵，随后佛教传入，直到宋朝儒学复兴，之后明清皆视其为正统。18 世纪后，西方思想入侵，儒家思想被动摇。

如果从儒学发展的脉络看，我们就很容易理解为什么朱熹是个圣人了，他为什么被称为朱子，为什么一个孔子千年之后的南宋哲人能配祀孔庙。如果说儒学是从朱熹这里开始复兴，倒真不如说儒学是从朱熹这里开始光大的，而儒学光大的原因正是由于宋朝的创新，这种儒学的创新被称为"新儒学"，又称"理学"。

那么到朱熹这里集大成的新儒学跟之前的儒学到底有什么区别呢？简单来说，儒学从孔子创立以来，并不是一门一成不变的学问，它也是随着时代变迁不断演进的。而先秦的儒学，可以说宋朝理学之前的儒学讲的只是一些纯人伦、纯伦理的内容。到了北宋以后，儒学就逐渐完成了对佛教、道教理论的吸收，在纯伦理学术之上加上了佛、道两家形而上的理论内容。如果形而上不容易理解，没关系，这样说：就是把儒家的人伦规范上升到了大自然法则的高度。以前，违反儒家人伦只是个道德问题，现在违反儒家人伦成了逆天的问题！

天理啊！就是从这里出来的！

要说到新儒学、理学的形成，就要从三教合流说起了。魏晋南北朝是三教合流的初始阶段，这一历史时期社会思潮的主流是道家文化独特的表现形态，也就是"清谈""玄学"。在玄谈之风的基础上形成了道儒佛三者交融的姿态。

三教合流的第二阶段便是隋唐时期，佛教经过魏晋南北朝之乱世，已经摆脱了对儒道两家的屈从地位，转而理论互补，已然完全站稳脚跟并形成了华严宗、唯识宗这样的理论宗派，加之寺院的经济实力，以至于隋唐时期，本土哲学力量无力与其抗衡。但佛教流行日久，流弊自然显现，一股批判佛教的风气在中晚唐形成，批判中夹杂着大量的学习与吸收。

宋明时期则是三教合流的完成阶段。三教合流孕育出了中国传统社会最完备的官方意识形态——理学。直到西方入侵前，它的地位从未被动摇。理学对道家的吸收最明显地表现在其开山鼻祖周敦颐的《太极图说》上，《太极图说》实际上是对宋初道士《无极图》的直接发挥，而对佛教的吸收主要表现在"道统论"。理学看重道统与门户，认为他们继承自孟轲一系。韩愈被认定为宋明理学的先驱，很大程度上便是因为他首创道统说且尊孟子，为复兴儒学打下了正统基础，列明了权威的传承谱系。韩愈的道统论很大程度上是佛教禅宗"传灯"理论的脱胎换骨。禅宗强调"不立文字，直指人心，以心传心"，门户的概念尤为重要，弟子们特别强调自己出自某个谱系的法门以示正统之所在。

此外，《大学》一篇后来亦成为宋明理学的核心内容。至于为什么特别强调《大学》一篇，陈寅恪认为这是受了新禅宗的影响。儒家从韩愈开始特别强调《大学》一篇，可见是见到佛教"治心"的力量，而在儒家典籍里寻找"正心"也就是修身养性的力量与其抗衡，儒家是从"正心""诚意"开始通向"修身""齐家""治国""平天下"的，而"正心"与"诚意"正是佛教心性修为之根本。儒学与佛教有着相通的基础，只是在"正心""诚意"之后才分道扬镳，佛教禅宗对现世采取了暂时回避的态度，其终极价值归属还是在于舍离现世而到达彼世。而儒家则站在与佛教完全相反的立场之上，其"正心""诚意"都是为了经世的，也就是将最高价值寄托在此岸。

总之，宋理宗时理学成为官方显学，其影响主要还是在元明清三朝。元朝开始没有科举，但在科举史上也不能少了元朝。因为1313年，元朝恢复科举，并且规定科举考试使用朱熹的注释，这一规定被明清继承。也就是说朱熹的著作《四书章句集注》从此成了考试大纲。

《四书章句集注》是把儒家经典《大学》《中庸》《论语》《孟子》合编在一起，给出最浅显易懂的注释。人们常说的"四书五经"中的"四书"便是由此定名的。这本《四书章句集注》是南宋晚期一直到清朝绝对的正统思想，康熙本人极其推崇朱大圣人对儒家经典所做的这种四平八稳又合乎体统的注释，科举考试中的所有答案都必须符合朱熹的这本注释。

至于三教合流而形成的理学对我们到底有什么影响是一个争议颇大的问题，本小姐无法展开讨论。

当然思想上的统一有利于社会稳定，培养了一批具有统一价值观且能维持长久统治的阶层；另一方面，

"理学杀人"——禁锢思想、压制人性，虽然对于"存天理，灭人欲"的真正意义有极大争议，但仅从"存天理，灭人欲"字面上看，是将天理与人欲对立起来，遵循天理来压制人欲。

本小姐以为，人生来不同，最不能统一的便是思想，任何试图将人的思想统一于一处的做法都是徒劳的。当然理学也有好的一面，理学家们强调经世致用，其中最著名的便是宋儒张载的被后世广泛引用的四句："为天地立心，为生民立命，为往圣继绝学，为万世开太平。"本小姐以为，这四句完全表达出了宋朝理学家的远大理想与境界，以及最为深切的社会关怀，这种以天下为己任的情怀是永世的精神财富。

最后，请容本小姐解释一下这四句话：儒家本就是入世的学问，强调社会责任，所以"为生民立命""为万世开太平"并不难理解，其意为，通过重建道德伦理之天理，使人们重新确立生命的价值与意义，确认"理"的权威便是万世太平的基石。"为往圣继绝学"说的则是儒家"道统"的重建。这是儒家跟禅宗学来的东西，道统一般可追溯到韩愈，韩愈认为儒学从远古圣人传至周公孔子，再到孟子，孟子后则不传或误入歧途。而"为天地立心"则是最值得推敲的一句，这意味着儒家一向薄弱的宇宙论得到了加强，"天"不再是不言而喻、不证自明的终极依据，现在他们要给天地立"心"出来,"天理人心"。也就是说,在"天"之上,又加上了"理"这个终极道理,而"理"是要向人"心"内去找寻的。

宋元战争：从钓鱼城到襄阳城

忽必烈自己效仿宋太祖，要求灭宋统帅伯颜，效仿曹彬，以无血征服江南这个当时世上最繁华之地。1276 年，杭州无血开城，和平过渡，除去零星抵抗，南宋全境基本在平静的氛围中并入元朝领土。宋室厚待士人三百年，但事实就是这么残酷，容不下一丝天真。

历史学家们通常喜欢给历史分期。南宋通常被他们分成前后两期：前期为宋金战争时期，后期则为宋元战争时期。前期是从 1127 至 1208 年，也就是从高宗建炎南渡一直到宁宗朝权臣韩侂胄被杀。而后期则是从 1209 至 1279 年，也就是从宁宗朝权臣史弥远专政至崖山海战南宋覆灭。南宋灭亡的时间史书中有两种不同的说法，一为 1276 年，一为 1279 年。认为南宋亡于 1276 年的是因为南宋都城临安在 1276 年陷落，谢太后与宋恭帝降元。认为南宋亡于 1279 年的则是因为 1276 年临安陷落后，两个赵氏小皇子与流亡朝廷一路南逃坚持抵抗，直到崖山海战穷途末路。

由此本书也进入了最后的一部分。

史弥远跟韩侂胄一样是个权臣，奇怪的是为什么韩侂胄进了《宋史奸臣传》，而史弥远却并不在奸臣之列？道理很简单，因为《宋史》是元人写的，元朝时，理学已经成了官学正统学说。韩侂胄打压理学，连朱熹朱大圣人都是被他排挤的，他不进奸臣传谁进奸臣传。史弥远后来搞政变扳倒韩侂胄，自然是有样学样，韩侂胄打倒理学，将之视为伪学，他为了倒韩力挺理学，理学这个后世的思想正统就这样在史弥远掌权的时代成了官方正统。可见所谓的官方正统思想，并非有什么过人之处，无非是政治斗争的手段与结果罢了。此外，史弥远专权的时间长过秦桧，程度超过韩侂胄，伪装掩饰较好，也从一定程度上保护了他的声名。

宋宁宗无子，本想传位给已经入嗣他二伯家的赵贵和。只可惜赵贵和过于年轻，缺乏心机。他私下里大骂史弥远的事情被史弥远安插在他身边的美人给报告了。这样，史弥远很快便扶植了另一个太祖十世孙赵贵诚作为"备胎"。宁宗一死，他立马矫诏再来一次政变把赵贵诚扶上了皇位，这便是后来的宋理宗。而改封济王的赵贵和则被迫害致死。

由于这样一层关系，理宗即便后来亲政了，也不会推翻史弥远，因为一旦否定史弥远便是否定他自己。史弥远掌权的时候，他也不与理学为敌；相反，扳倒了理学的迫害者韩侂胄。理学家们对史大人也没什么意见。

随着金的灭亡与权臣史弥远的离世，宋理宗在位十年以后终于亲政了。这理宗可是史弥远一手扶上皇位的，所以他死后，理宗虽然搞了搞更化，但他的历史地位是没有被动摇的。史弥远当初为了扶宋理宗上位，也是颇费了一番周折的，不惜酿出了南宋末期的最大一出冤案。

关于宋理宗，最值得一说的便是"理"这个谥号。这个谥号在历史上几乎是绝无仅有的。为什么将他称为"理宗"呢？因为在他统治期间，理学成了绝对的官学，并且一直延续至清朝末期。理宗倡导理学，在他执政期间入祀孔庙的名单被反复修改，最终在景定二年（1261）才确定了入祀名单。这样，程朱理学的官学地位得以正式确立。对于这场理学的胜利无法评价是好是坏，只能说有好有坏，但持"理学的胜利是一场得不偿失的胜利"观点的研究者，大有人在。关于宋理宗，另一点值得注意的便是，宋理宗与其后的皇帝都是太祖次子燕王赵德昭的后代，而之前的孝、光、宁都是太祖四子赵德芳的后代，并不出于一系。

理宗虽然大力尊崇理学，但他本人似乎没能做到"存天理，灭人欲"，如果一夫一妻就是天理，那么三妻四妾就是人欲，他后宫的美人不计其数，显然不在天理的范围之内。理宗与临安城名妓唐安安的故事更是广为流传，同时他的宠妃贾贵妃也给南宋朝带来了最后一个权相，那便是贾似道。

"蟋蟀宰相"贾似道大权在握前，还是有些作为的。后来，他似乎更希望在他的西湖别墅里享受生活研究蟋蟀，甚至写有世界上第一部研究蟋蟀的专著《促织经》，书中对蟋蟀的各个方面都进行了详尽的论述。当时就有诗讽刺他"朝中无宰相，湖上有平章"。

当然即使在湖上，贾似道也没做什么好事。后世《红梅阁》《李慧娘》的剧本灵感都是源自贾似道的恶行：有一次他与众多美人一起游西湖，一个美人见湖上有两名少年，便感叹道："美哉，二少年！"这意思就跟今天点赞一下小鲜肉差不多。贾似道说道："你若愿意嫁，我就让他们来聘你。"过了些时候，贾似道召集众美人，说二少年送来了聘礼，众人聚集打开聘礼一看大惊失色，聘礼包装中竟然装着那个美人的头颅。

除了理学荣升官学之外，关于宋理宗的事迹便是"端平入洛"了。灭金后，河南就成了无人占领的地区。南宋宰相郑清之采纳了赵范、赵葵兄弟提出的"踞关守河"的建议，即"西守潼关、北依黄河"与元军对峙，这将收复包括东京开封府、西京河南府和南京应天府三京在内的中原地带。宋理宗急于出兵，当然一是南宋终于可以给自家祖宗扫墓了，二是收复中原对于南宋来说简直就是盖世功勋。

但后来的事实证明，端平入洛是一个彻底的错误。这只不过是请君入瓮的圈套罢了。宋军不仅被打得惨败，而且给了蒙古军队开战的借口。宋元持续四十年的战争便始于此。

黄河是华夏文明的母亲河，但对于南宋来说，黄河似乎已经是上辈子的事情了，长江才是后妈胜亲妈。南宋的防御体系基本依托长江天险，划分为三个战区，东部为两淮战区，此地常年驻有重兵，因为此区域最为接近都城临安。中部为荆湖战区，长江中游的重镇襄阳为南宋屏障。西部则为四川战区，蜀地依托山势可谓防御最为牢固。此三个防线无论突破了哪个都对南宋有致命的威胁。中游的襄阳与上游的四川若失守，元军将顺长江而下，直取临安。

1251 年，蒙哥汗继位后，兵锋逐渐对准了南方。1254 年灭大理国（今云南），1255 年灭安南（今越南北部）。这样，完成了对南宋的包抄后，1258 年兵分三路进攻南宋。

被灭掉的大理国今天是个小资聚集地，当时亦是个世外桃源。若非此役，大理永生永世一副岁月静好的样子。难以想象这个大理国在辽宋夏金共存的恶劣环境之下生存了三百多年，仍能保住它的苍山洱海与风花雪月。它努力消除自身存在感的生存技巧确实值得我们深思。

蒙哥汗的主力攻打四川，另一路攻打襄阳，还有一路想通过安南北上广西。可谁能料想军队主力竟然被困在了蜀地，连蒙哥汗本人也于1259年死在了钓鱼城下。钓鱼城位于今天的重庆合川，由于在宋元战争中的顽强抵抗而被世人称为上帝折鞭处。

钓鱼城周长十余里，高四百米，山顶地势平坦，山上有充足的水源与田地，战时耕战结合根本无需外援。蒙哥汗率军从开庆元年（1259）二月开始攻城，但直到六月仍未有任何结果，守城将领王坚更是让守城的宋军向城外投下鲜鱼和面饼，示意城内食物充足，除了供养自己外甚至还能施舍给敌人。这一举动使得攻城军队士气低落。

蒙哥汗见久攻不下，继而撤军，这位不可一世的蒙古大汗便死于退兵之际。关于他的死因众说纷纭，最振奋人心的一种说法便是他被南宋的炮石击中，伤重不治。钓鱼城保卫战的胜利至少使得宋国祚延长了十年，因为蒙哥汗的去世更是引发了世界性的震动，遍布在亚欧大陆上的各路人马迅速班师回朝抢夺汗位。

新大汗便是后来被称为元世祖的忽必烈。忽必烈继位初期专注于蒙古内部的纷争而无暇南顾，当忽必烈的大军再次杀向南宋时，已经是1268年。此时，宋理宗已经去世。理宗无子，为了不把皇位传给远房宗室而动摇了他自己皇位的合法性，他选定了养子赵禥为继承人。度宗赵禥智力低下到七岁才会说话，但这不重要，重要的是赵禥是理宗亲弟弟唯一的儿子。

度宗沉湎于酒色之中，将国事交与贾似道，度宗称贾似道为师相，对其的依赖程度可想而知。就是在度宗朝贾似道当政时期，忽必烈开始了大规模攻宋。忽必烈与蒙哥的策略不同，他放弃了进攻地势险要的四川，而是集中兵力进攻汉水中游的襄阳，进而进入长江。1268年，元军开始长达六年之久的襄阳围攻战。

至元十年（1273）二月，随着襄阳城的陷落，南宋的命运已经注定。襄阳守将吕文焕在经历了六年围城之苦后降元，他痛恨南宋朝廷对自己的军队见死不救的态度，并且帮助元军渡过了长江。长江天堑失去后，长江中游最大的要冲鄂州不战而降。情势在此时已经完全无法挽回，在元朝安抚性质的化敌为友的气氛中，江南诸城纷纷投降，而其中，至元十三年（1276）一月，南宋行在临安的投降标志着一个时代的终结。尽管之后还有以文天祥和陆秀夫以及两个小皇子为主角的流亡朝廷，但他们的事迹多停留在精神与气节层面，对残酷的现实来说毫无帮助。

蒙古军队在欧亚大陆战无不胜，南宋的覆灭可以说完全是在意料之中的事情。但襄阳城的陷落值得深思。吕文焕为什么会在坚守了六年之后降元？吕文焕的变节当然留下骂声，但他真的那么可恨吗？到底是什么原因让一个驻守了孤城六年的统帅降元？他若是贪生怕死之辈，又怎么可能在元军的围攻下坚守六年？一定发生了一些事情，凉了他的心。这是一个极其可悲的事实，精英常常消失于内耗之中。

黄金台下客，应是不归来

离开临安城时，宋恭帝年仅六岁。也不知道他是
否记得临安城那副绝世的模样？近四十年的寺院生活，
也不知道那些晦涩难懂的经文是否安慰了他的心灵？
他闭目念经时是否会想起孤山的梅花与西湖的水？

写到南宋的覆灭，本就是一个极端痛苦的事情。
一个王朝大难临头的时候，总会有人坚持抵抗到最后
一刻，也总会有人为保命而降敌。国人看重士可杀不
可辱的气节，史书太过于着重书写英雄的气节，殊不
知，铁一般的事实是：在生死存亡的时刻，绝大部分
的人都是求生而非取义的。看南宋的亡国史，其实不
止南宋，历朝历代皆如此，归降的比例远远高于抵抗
就义的。但有些史官偏偏做出一副不谙世事的样子，
对那些负隅顽抗、拒绝投降的英雄大写特写，对开城
投降的则一笔带过。

这便是选择性书写，这便是为什么有些史书不能
信的原因。书终究是人写的，说到底，是人不能信，
与其说人在写史，倒不如说人把自身内心的情感投射
到了书写中，写的是人心中的历史，断非事实。这也

是人们常说的，历史一旦发生了，就再也无法还原的原因。当然，史书都有写作背景、现实目的，这些就不提了。

蜀地饱受歧视却未曾负国。1276年临安陷落归降后，钓鱼城依然在坚持抵抗，直至1279年正月，守将王立降元。而此时距离临安归降已经过去了三年，距崖山宋军覆灭仅有一个月的时间了，这便成了钓鱼城的尴尬所在。若从1240年筑城开始算起，钓鱼城抗敌近四十年，"独钓中原"是其无上的荣光。但其最终降元却成了不光彩的一笔。人们似乎更希望钓鱼城以更英勇更具气节的方式结束自己的使命。在大势已去的情况之下，降元以保全全城生灵到底是失节还是义举？这似乎又是一个历史的悖论，争执至今未有答案，而世人的态度可谓泾渭分明，无法调和。

再说到襄阳城，1273年随着吕文焕降元，襄阳城的陷落，南宋灭亡的趋势已经无法挽回。在元朝的怀柔政策下，江南诸城纷纷投降，极少的一些抵抗来自常州城与扬州城。常州城有死无降的态度，招致了元军破城后的屠杀，全城的成年男子几乎被屠戮殆尽。如果钓鱼城是西部最顽强的堡垒，那么东部最顽强与惨烈当属扬州城，当元军手持谢太后向天下州郡所发布的归降手诏来劝降时，扬州城守将李庭芝表示他只知有奉诏守城，绝不知有奉诏投降的。扬州城在临安陷落后，依然坚守十个月之久，是江淮地区最后陷落的城市。

再说到临安城，临安城在陷落之前，太皇太后谢氏派出了两人前往元营与灭宋统帅伯颜和议，其中一人便是后世大名鼎鼎的文天祥。文天祥面无惧色，要求元军退兵至苏州，再议岁币，否则，兵祸连连，事未可知。按他的意思是，你们虽然已经打到了家门口，但谁赢谁输还不好说，我们大宋不只有临安，我们还有广阔的南方地区，我们有闽南、广南、海南，再不济还有越南。同时，宋度宗留下的两个未成年的皇子，由陆秀夫护送，逃往南方，文天祥自己则因为在元营的英勇表现而被扣押。

留在临安城的则是度宗的嫡子宋恭帝。临安城破被俘时，他年仅六岁。恭帝北迁元大都（今北京），被忽必烈封为瀛国公。1282 年，他继续北迁至元上都。

他成年后前往西藏喇嘛庙出家为僧人，此后再不见于汉家史书。在藏文材料中，宋恭帝潜心事佛，学习藏文，终究成了一位大师级翻译家。他死时已是 1323 年，元英宗至治三年，享年五十三岁。

后世有好多由元至明的传说，明人所修的《宋遗民录》就说元朝最后一个皇帝元顺帝是宋恭帝晚年所生的儿子。当然，明朝时，所修元朝史籍又反过来说永乐帝是元顺帝的儿子。

　　真是天长地久有时尽，此恨绵绵无绝期！

　　离开临安城时，宋恭帝尚年幼。也不知道他是否记得临安城那副绝世的模样？近四十年的寺院生活，也不知道那些晦涩难懂的经文是否安慰了他的心灵？他闭目念经时是否会想起孤山的梅花与西湖的水？他若记得这一切，定是痛彻心扉，无论佛祖如何教诲，终究领悟不了：

　　　　寄语林和靖，梅花几度开？
　　　　黄金台下客，应是不归来。
　　　　　　　　　　　　——《在燕京作》

崖山之后：还我河山，宋人之虚愿

临安陷落后，一切都只不过是尾声罢了。后世冯友兰写道："南渡之人，未有能北返者。晋人南渡，其例一也；宋人南渡，其例二也；明人南渡，其例三也。风景不殊，晋人之深悲；还我河山，宋人之虚愿。"

逢年过节，总是有一些前往深圳蛇口的宋少帝陵祭扫之人。这是中国唯一一个位于广东省境内的皇帝陵，伴随它的则是沧桑的往事与拂面的海风。

1276 年临安城陷落时，宋度宗的两个幼子赵昰（宋端宗）与赵昺（宋少帝）被护送南逃，以图日后再续赵宋之国祚。按一般的理解，到了这最后的生死关头，保护小皇子出逃的定是些将生死置之度外的义士。但事实不然，宰相陈宜中是个不折不扣的逃跑派，在临安陷落时就私自出逃过一次，实由张世杰控制局面。

行朝从温州至福州再至泉州，经潮州至惠州再至香港九龙，随后，在元军的疯狂追击下，一直在珠三角各地的入海口苦苦支撑，小皇帝宋端宗便死于这一路的辗转颠簸惊吓之中。

景炎三年（1278）四月，宋少帝继位，改元祥兴。

五六月间，行朝在与元军争夺雷州半岛（今广东湛江）时失败，进而转移到珠江口中崖山（今广东新会），张世杰准备以此为根据地起死回生，殊不知这崖山便是大宋最后的宿命地。

祥兴二年（1279）正月，元军在海上包围了张世杰的部队，最后的生死大战一触即发。但这时，最讽刺的一幕发生了：宋军被包围的第二日，便是元宵节。沿海的当地居民照例在锣鼓声中举行了海上竞渡活动。

元宵节在宋时被称为元夕、上元节，宋朝商品经济的发展使得市民阶层的富裕与开放远超前代，而元明清亦不能与之相较。那时的元宵节是超过春节的世俗国民狂欢节。辛弃疾在《青玉案·元夕》中描写了南宋元夕的盛况：

> 东风夜放花千树，更吹落、星如雨。宝马雕车香满路。凤箫声动，玉壶光转，一夜鱼龙舞。
>
> 蛾儿雪柳黄金缕，笑语盈盈暗香去。众里寻他千百度，蓦然回首，那人却在，灯火阑珊处。

战舰密布的海面并没有干扰市民过节的兴致，老百姓该过节还是过节，宋也好，元也罢。朝廷姓赵也可以，汉姓都没有的孛儿只斤氏也无不妥。

大概这才是生存的哲学。

但话说回来，也有不少人不屑于此种哲学，文天祥便是一例。此人为状元宰相，生不逢时，一事无成，但其精神遗产使其声名媲美岳王。在崖山之战开始前，他便写下了流传万世的《过零丁洋》：

辛苦遭逢起一经，干戈寥落四周星。

山河破碎风飘絮，身世浮沉雨打萍。

惶恐滩头说惶恐，零丁洋里叹零丁。

人生自古谁无死？留取丹心照汗青。

元军统帅张弘范在读过诗后便不再勉强文天祥去劝降张世杰。这张弘范是个汉人，他的身世和《射雕英雄传》里的郭靖十分相似，但与郭靖选择为大宋死守襄阳截然不同，张弘范是元灭宋的一大功臣，襄阳城之战和崖山之战，他都立有大功。

说到底，《射雕英雄传》终究是部小说。

祥兴二年（1279）二月的崖山海战极其惨烈，而宋军的失败很大程度上归结于张世杰的错误战略。但张世杰倒是突围成功，最后他的船队在海陵岛（今广东阳江）附近遇上飓风而沉没。今日的海陵岛附近海域发现了一艘载满货物的南宋沉船，人们就地打捞，称这艘出水的商船为"南海一号",并在海陵岛上为它修建了一座博物馆。虽然"南海一号"与张世杰没什么关系,帆过浪无痕,人亡史犹在。

陆秀夫的战船则没能突围成功,被元军团团围住,他最终选择背负少帝跳海殉国。本小姐记得在课堂上,老师讲到此处,便开玩笑称陆秀夫挟持儿童,但玩笑里的哀伤更添哀伤。都说大宋文弱,总算在此画了个壮烈的句号。

再说回文天祥,他在元军的战舰上目睹了崖山之战,大宋亡在他的眼前!活着除了就义,应再无他求。被押送元大都后,劝降的一拨接着一拨,对待元人,他面无惧色;对待降元的宋臣,他开口唾骂。最让他不知所措的人大约应是被俘的宋恭帝。1279 年,文天祥在元大都见到了宋恭帝,并在这个孩童面前放声痛哭。文天祥这个"三千年间,人不两见"的人格典范最终于 1283 年就义,如他所藏的绝笔一样:"孔曰成仁,孟曰取义,唯其义尽,所以仁至。"

黄宗羲说:"夫古今之变,至秦而一尽,至元而又一尽,经此二尽之后,古圣王之所恻隐爱人而经营者荡然无具。"

周良霄在《元代史》序文中写道:在我们看来,更主要的问题还在于政治社会领域中由蒙古统治者所带来的某些落后的影响,它们对宋朝而言,实质上是一种逆转。这种逆转单在元朝一代起作用，并且作为一种历史的因袭，为后来的明朝所继承。明朝的政治制度，基本上承袭元朝，而元朝的这一套制度则是元与金制的拼凑。从严格角度上讲，以北宋为代表的中原汉族王朝的政治制度，到南宋灭亡，即陷于中断。

后世冯友兰写道：

> 南渡之人，未有能北返者。晋人南渡，其例一也；宋人南渡，其例二也；明人南渡，其例三也。风景不殊，晋人之深悲；还我河山，宋人之虚愿。

参 考 书 目

1.韩儒林.元朝史[M].北京:人民出版社,1986.

2.金毓黻.宋辽金史[M].台北:台湾商务印书馆,1991.

3.宋濂等.元史[M].北京:中华书局,2016.

4.脱脱.宋史[M].北京:中华书局,1985.

5.张博泉.中华一体的历史轨迹[M].沈阳:辽宁人民出版社,1995.

6.张其凡.宋代史[M].澳门:澳亚周刊出版有限公司,2004.

7.周良霄,顾菊英.元代史[M].上海:上海人民出版社,1993.

8.王承礼.辽金契丹女真史译文集[M].长春:吉林文史出版社,1990.

9.傅海波,崔瑞德.剑桥中国辽西夏金元史[M].史卫民等,译.北京:中国社会
科学出版社,1998.

10.黄宗羲.明夷待访录[M].段志强,译注.北京:中华书局,2011.

11.李有棠.明史纪事本末[M].北京:中华书局,2015.

12.孟元老.东京梦华录[M].郑州:中州古籍出版社,2010.

13.拉施特.史集[M].余大钧,周建奇,译.北京:商务印书馆,2009.

14.虞云国.南宋行暮[M].上海:上海人民出版社,2018.

15.虞云国.细说宋朝[M].上海:上海人民出版社,2013.

16.吴钩.宋:现代的拂晓时辰[M].桂林:广西师范大学出版社,2015.

17.杉山正明.忽必烈的挑战[M].周俊宇,译.北京:社会科学文献出版社,2017.

18.虞云国.从陈桥到崖山[M].北京:九州出版社,2016.

19.冯友兰.中国哲学史[M].北京:中华书局,2014.

20.冯友兰.中国哲学简史[M].赵复三,译.北京:中华书局,2015.

21.葛兆光.中国思想史[M].上海:复旦大学,2001.

22.劳思光.新编中国哲学史[M].北京:生活·读书·新知三联书店,2015.

23.葛兆光,徐文堪,汪荣祖,等.殊方未远:古代中国的疆域、民族与认同[M].
北京:中华出局,2016.

24.谢和耐.蒙元入侵前夜的中国日常生活[M].刘东,译.北京:北京大学出版社,
2008.

25. 刘子健 . 中国转向内在：两宋之际的文化内向 [M]. 赵冬梅，译 . 南京：江苏人民出版社，2002.

26. 萧启庆 . 内北国而外中国：蒙元史研究 [M]. 北京：中华书局，2007.

27. 许振 . 宋纪受终考研究 [M]. 香港：香港瑞荣企业，2005.

28. 李焘 . 续资治通鉴长编 [M]. 北京：中华书局，2004.

29. 李心传 . 建炎以来系年要录 [M]. 上海：上海古籍出版社，1992.

30. 王立群 . 王立群读宋史之宋太祖 [M]. 郑州：大象出版社，2012.

31. 李亚平 . 帝国政界往事：公元 1127 年大宋实录 [M]. 天津：天津人民出版社，2015.

32. 宋德金 . 辽朝的"因俗而治"与中国社会 [M]// 宋德金 . 辽金论稿 . 武汉：湖北教育出版社，2005：7-17.

33. 杨树森，王承礼 . 辽朝的历史作用初论 [M]// 陈述 . 辽金史论集 · 第 2 辑 . 北京：书目文献出版社，1987：1-13.

34. 虞云国 . 试论十至十三世纪中国境内诸政权的互动 [M]// 中华文史论丛 . 上海：上海古籍出版社 .2005（79）：245-266.

35. 张博泉 . 金朝的历史地位、贡献与影响 [M]// 张博泉 . 金史论稿 . 长春：吉林文史出版社，1986：15-26.

36. 内藤湖南 . 概括的唐宋时代观 [M]// 刘俊文 . 日本学者研究中国史论著选译 . 北京：中华书局，1992：10-18.

37. 刘子健 . 略论南宋的重要性 [M]// 刘子健 . 两宋史研究汇编 . 台北：联经出版事业公司，1987：79-85.

38. 许振兴 . 宋朝历史形象的塑建 [M]// 单周尧 . 东西方研究 . 上海：上海古籍出版社，2011：79-87.

39. 郭红欣 . 半个世纪以来岳飞"满江红"词争鸣综述 [J]. 东南大学学报，2015,17（5）：139-147.

40. 柳立言 . 何谓"唐宋"变革 [J]. 中华文史论丛，2006，（81）：125-171.

41. 屈文君 . 论中国历史上的北方民族政权：以辽、西夏、金、元四朝为重点 [J]. 西北民族研究，2006，（2）：32-44.

42. 萧启庆 . 中国近世前期南北发展的歧异与统合：以南宋金元时期的经济社会文化为中心 [J]. 台湾师大历史学报，2006（36）：1-30.